4주간 합격 완성 JLPT 문제집

필승합격 일본어능력시험
문자·어휘·문법
500문

마쓰모토 노리코·사사키 히토코

N1

글로벌 인재육성, 1984년설립
(주)해외교육사업단

머리말

일본어능력시험 (JLPT) 에서 고득점으로 합격하기 위해 일본어 학습자는 다양한 학습 방법과 참고서를 선택하고 있습니다.

이 책은 아래에 제시하는 편집 방침과 학습 방법 외에 가장 먼저 장점으로 들 수 있는 것은 핸디 사이즈로 제작하여 언제 어디서나 휴대하여 쉽게 문제 풀이 중심으로 학습할 수 있도록 하였다는 점입니다.

대부분의 책이 두껍게 편집되어 소지하고 다니기에 불편한 점을 감안하여 작고 가볍게 제작함으로써 소지하기 쉽도록 하는 데에 주안점을 두었습니다.

이 책의 특징은 다음과 같습니다.

◆이 책은 일본어능력시험 대비용으로 N4-N5, N3, N2. N1 의 4 권으로 구성하고 단계적으로 레벨에 맞게 공부할 수 있도록 시리즈 물로 편집하였습니다.

◆하루 20 분, 4 주 안에 각 레벨을 단기간에 자투리 시간에도 공부할 수 있게 하였습니다. 물론 집중적으로 공부하고자 하는 경우에는 그 분량을 배로 늘리면 2 주에도 정리, 완성할 수 있을 것입니다.

◆문자·어휘·문법 분야를 균형 있게 학습할 수 있도록 각 페이지를 구성하여 종합적인 연습문제 풀이가 한 페이지 씩 가능하도록 하였습니다.

◆이미 많은 학습을 진행한 경우에는 미숙한 부분만 집중적으로 공부하는 방법으로 이용할 수 있도록 하였습니다. 이미 아는 문제는 체크하면서 모르는 부분만 반복적으로 학습하면 됩니다.

일본어 학습은 "배우기 보다 익숙해져라"라는 말이 있듯이 많은 문제를 반복적으로 계속 풀어가면서 능력을 기르시기 바랍니다.

이 책은 일본에서 일본어 학습지 출판사로 널리 알려진 '아스크출판'에서 발행한 '신 일본어 500 문'을 한국어 판으로 새롭게 편집한 것입니다.

여러분의 JLPT 학습에 많은 도움이 되시기를 바랍니다.

2022 년 3 월   ㈜ 해외교육사업단

목 차

머리말 ······ 3

이 책의 사용법 ······ 5

제1주 ······ 9
제2주 ······ 77
제3주 ······ 145
제4주 ······ 213

《자료》

◆ 한자 목록 ······ 282

◆ 품사별 어휘 목록 ······ 285

◆ 문형·문법 항목 목록 ······ 290

이 책의 사용법

◆이 책은 문자, 어휘, 문법을 한 페이지씩 학습해 나가도록 편집되어 있습니다. 상단에는 문자, 가운데는 어휘, 하단에는 문법 문제가 있습니다.

◆종합적인 능력을 기르기 위해서는 문제 번호순으로 풀어 나가면 좋습니다. 하루에 5페이지 15문제(3문제 X 5페이지)씩 푸는 것으로 배정되어 있습니다. 1일째부터 6일째까지는 문자 30문제, 어휘 30문제, 문법 30문제, 합계 90문제를 풀게 됩니다. 7일째에는 그동안 학습한 것을 복습하는 의미에서 각 페이지당 문자 2문제, 어휘 2문제, 문법 2문제의 총 6페이지로 구성되어 전체적으로는 문자 12문제, 어휘 12문제, 문법 11문제, 합계 35문제가 수록되어 있습니다. 한 주의 학습을 마치면 각 주의 첫 페이지에 있는 집계표에 정답 수를 기입하십시오. 집계표는 3회분을 기입할 수 있도록 구성되어 있습니다. 반복하여 3회를 푸신다면 대부분의 문제는 기억되고 이해될 것입니다. 각 페이지의 문제 우측 하단에 3개의 □가 있으므로 3회의 OX를 표시하여 자신의 학습 이해도를 체크하고 정답 수를 카운트하여 집계표에 기입해 주십시오.

◆분야별로 집중해서 문제를 푸는 방법도 좋습니다. 예를 들면, 문제 번호순이 아니라 상단의 문자 문제만 먼저 풀고, 다음에는 가운데에 있는 어휘 문제만을 푸는 방식으로 공부할 수 있습니다. 물론 순서에 관계없이 하단의 문법 문제만을 먼저 풀어도 좋습니다.

자신의 약한 부분을 강화할 수 있도록 활용해 주십시오.

◆문제 페이지의 다음 페이지에서 정답을 확인하고 해설 부분을 읽음으로써 자신의 이해도를 심화하기 바랍니다. 한국어로 번역·해설하거나 일본어로 같은 의미의 표현을 제시·해설하는 경우도 있습니다.

◆후반부에 수록된 자료편의 활용도 빠트리지 마시기 바랍니다. 〈한자 목록〉에서는 이 책에 소개한 N1에 해당하는 모든 한자를 획수 별로 배열하였습니다. 이어서 〈품사별 어휘 목록〉에서는 N1에 해당하는 어휘를 품사별로 정리하였습니다. 또한 〈문형·문법 항목 목록〉에서는 N1 레벨의 모든 것을 정리하여 JLPT N1 시험에 대비한 총정리가 되도록 하였으므로 후반부의 자료편을 충분히 활용하시기 바랍니다.

◆ 정답과 해설은 문제의 다음 페이지에 있습니다.

 ~

왼쪽 페이지＝정답·해설

◆ 이것은 앞 페이지 문제에 대한 정답과 해설입니다.

◆ 첫째 줄에 정답과 문제의 완성문이 제시됩니다. 문제에 나오는 한자의 음독과 훈독 및 관련 단어를 제시합니다. 각각 어떻게 읽는지 확인하고 □ 속의 문자는 확실하게 눈에 익혀서 기억하시기 바랍니다.

◆ 첫째 줄에 정답과 문제의 완성문이 제시됩니다. 문제에 나오는 어휘에 대하여 각 표현법을 제시함으로써 관련 어휘도 익히도록 합니다.

◆ 첫째 줄에 정답과 문제의 완성문이 제시됩니다. 문제에 나오는 문법과 관련된 문법을 추가로 제시하고, 그에 해당하는 예문도 제시합니다.

정답

37 **4** 私は、糖分や塩分を控えた食事を心がけている。
나는 당분이나 염분을 줄인 식사를 하려고 노력하고 있다.

문자
- 糖 トウ：砂糖 설탕・糖分 당분
- 控 コウ：控除する 공제하다
  - ひか (-える)：控える 앞두다 / 삼가다・控え室 대기실
- 耐 タイ：忍耐 인내・耐久性 내구성
  - た (-える)：耐える 견디다
- 捉 とら (-える)：捉える 포착하다

38 **2** 耳を澄まして聞いてごらん。 OK 傾けて
귀를 기울여 들어 보렴.

어휘
- 耳を澄ます (みみをすます)　(신경을 집중해서) 귀를 기울이다
- 耳を傾ける (みみをかたむける)　귀를 기울이다
- 耳をふさぐ (みみをふさぐ)　귀를 막다
- 耳を疑う (みみをうたがう)　귀를 의심하다

39 **4** 彼の態度は失礼極まりない。 OK 失礼極まる
그의 태도는 실례하기 짝이 없다.

문법
- Na(なこと)極まりない ／ Aいこと極まりない ／ Na 極まる
  (＝とても～だ)　＊딱딱한 표현　＊강조의 정도가 심하다

- あの事件は悲惨(なこと)極まりなかった。(＝悲惨極まる)
  그 사건은 비참하기 짝이 없었다.

- その少年の気性は激しいこと極まりない。
  그 소년의 성미는 드세기 짝이 없다.

오른쪽 페이지 = 문제

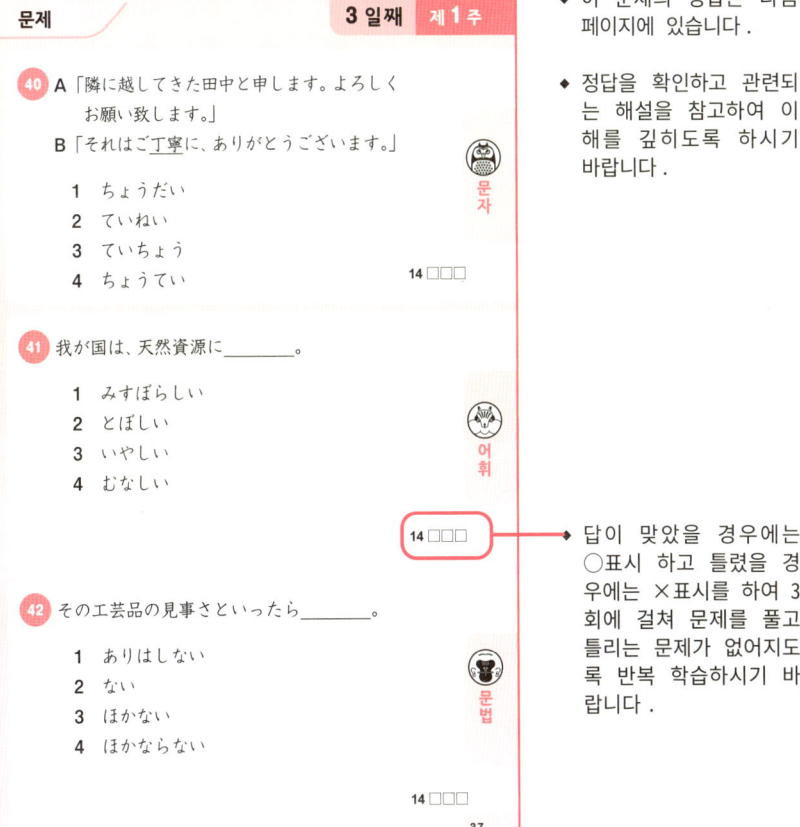

문제　　　　　　　　　　　　　　3일째　제1주

40 A「隣に越してきた田中と申します。よろしくお願い致します。」
B「それはご丁寧に、ありがとうございます。」

1　ちょうだい
2　ていねい
3　ていちょう
4　ちょうてい

41 我が国は、天然資源に＿＿＿＿＿＿。

1　みすぼらしい
2　とぼしい
3　いやしい
4　むなしい

42 その工芸品の見事さといったら＿＿＿＿＿＿。

1　ありはしない
2　ない
3　ほかない
4　ほかならない

◆ 이 문제의 정답은 다음 페이지에 있습니다.

◆ 정답을 확인하고 관련되는 해설을 참고하여 이해를 깊이도록 하시기 바랍니다.

◆ 답이 맞았을 경우에는 ○표시 하고 틀렸을 경우에는 ×표시를 하여 3회에 걸쳐 문제를 풀고 틀리는 문제가 없어지도록 반복 학습하시기 바랍니다.

7일째

- 7일째는 1~6일째의 복습입니다.

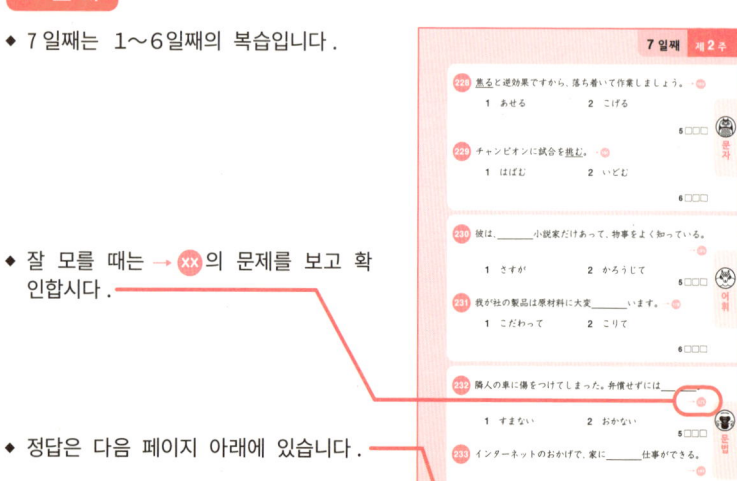

- 잘 모를 때는 → ❌의 문제를 보고 확인합시다.

- 정답은 다음 페이지 아래에 있습니다.

기호에 대하여

OK 정답이 될 만한 다른 표현을 소개하고 있습니다.

⇔ 반대어를 소개합니다.

= 거의 같은 의미의 표현을 소개하고 있습니다.

＊ 주의점과 설명 등을 소개하고 있습니다.

흔히 범할 수 있는 오류를 보여주고 있습니다.
사용하지 않도록 주의하십시오.

제 1 주

	1 ~ 6 일째	7 일째 (복습)
1회차	/ 30 문제	/ 12 문제
2회차	/ 30 문제	/ 12 문제
3회차	/ 30 문제	/ 12 문제

 문자

- 6 일째까지 마친 후 정답 수를 세어 기록합시다.
- 정답 수가 적은 분야가 있으면 다시 한 번 푼 후에 7 일째로 나아갑시다.
- 7 일째는 복습입니다. 다 마친 후 정답 수를 적고, 학습 효과를 확인합시다.

	1 ~ 6 일째	7 일째 (복습)
1회차	/ 30 문제	/ 12 문제
2회차	/ 30 문제	/ 12 문제
3회차	/ 30 문제	/ 12 문제

 어휘

	1 ~ 6 일째	7 일째 (복습)
1회차	/ 30 문제	/ 11 문제
2회차	/ 30 문제	/ 11 문제
3회차	/ 30 문제	/ 11 문제

 문법

문자

_____ のことばに対し、漢字をひらがなに直して、正しいものを選択肢から選びなさい。

_____ 의 단어에 대해 한자를 히라가나로 고치고 바른 것을 선택지에서 고르시오.

어휘

_____ のところに何を入れたらよいか。いちばん適当なものを選択肢から一つ選びなさい。

_____ 에 무엇을 넣으면 좋은지 가장 적당한 것을 선택지에서 하나 고르시오.

문법

_____ のところに何を入れたらよいか。いちばん適当なものを選択肢から一つ選びなさい。

_____ 에 무엇을 넣으면 좋은지 가장 적당한 것을 선택지에서 하나 고르시오.

문제

1일째 **제1주**

1 税金を<u>納める</u>のは、国民の義務です。

1 せめる
2 ながめる
3 しめる
4 おさめる

1 ☐☐☐

2 ＿＿＿＿言葉で話しかけてくる営業マンに、注意しよう。

1 なれなれしい
2 すがすがしい
3 はなばなしい
4 そうぞうしい

1 ☐☐☐

3 態度が悪いのはあの店員に＿＿＿＿ことではない。

1 限る
2 限らない
3 限って
4 限った

1 ☐☐☐

정답

1 **4** 税金を**納める**のは、国民の義務です。

세금을 납부하는 것은 국민의 의무입니다.

納	ノウ：納入 납입・滞納 체납
	ナッ：納得 납득　**おさ** (-まる/-める)：納まる 납입되다・納める 납부하다
攻	コウ：専攻する 전공하다・攻撃する 공격하다
	せ (-める)：攻める 공격하다
眺	チョウ：眺望 전망　**なが** (-める)：眺める 바라보다・眺め 조망
締	**し** (-まる/-める)：締まる 닫히다・取り締まる 단속하다・締める 죄다
	締め切り 마감

2 **1** <u>なれなれしい</u>言葉で話しかけてくる営業マンに、注意しよう。

친한 것처럼 말을 걸어오는 영업 사원에 주의하자.

なれなれしい	친한 것처럼 굴다
すがすがしい	상쾌하다
華々しい	(はなばなしい) 화려하다
騒々しい	(そうぞうしい) 시끄럽다

3 **4** 態度が悪いのはあの店員に<u>限った</u>ことではない。

태도가 나쁜 것은 저 점원에 한해서만이 아니다.

| **N に限る** | N에 한하다 (= N が一番いい)(=N이 가장 좋다) |

◆ 寒い日は鍋料理に**限る**。 추운 날에는 전골 요리가 제일이다.

| **N に限ったことではない** | N에 한하지 않는다 |

　　　　　　　　　　　(= N だけではない)(=N 만은 아니다)

◆ あの人が約束を破るのは<u>今日に限ったことではない</u>。

저 사람이 약속을 어기는 것은 오늘만의 일이 아니다.

문제

4 パスポート、免許証、履歴書用の写真撮影は当店でどうぞ。

1 りれきしょ
2 これきしょ
3 られきしょ
4 ふくれきしょ

2 □□□

5 その法案は、予想と違って_____通った。

1 きっぱり
2 すんなり
3 がっしり
4 きっかり

2 □□□

6 ヨウさんは日本語学校に通う_____、アルバイトで学費を稼いでいる。

1 かたわら
2 反面
3 つつも
4 かのように

2 □□□

정답

4

1 パスポート、免許証、**履歴書用**の写真**撮影**は当店でどうぞ。

여권, 면허증, 이력서용 사진 촬영은 저희 점포를 이용하십시오.

| 免 | メン：免許 면허・免税 면세・免除する 면제하다
まぬか (-れる)：免れる 면하다 ＊「まぬがれる」라고도 읽는다.
| 証 | ショウ：免許証 면허증・証明 증명・保証 보증・証拠 증거
| 履 | リ：履歴 이력・草履 짚신
は (-く)：(靴を)履く (신발을) 신다
| 撮 | サツ：撮影 촬영
と (-る)：撮る 촬영하다

5

2 その法案は、予想と違って**すんなり**通った。

그 법안은 예상과 달리 순조롭게 통과됐다.

すんなり	순조롭게 (＝あっさり)
きっぱり	단호하게
がっしり	◆がっしりする 튼튼히하다
きっかり	정확히

6

1 ヨウさんは日本語学校に通う**かたわら**、アルバイトで学費を稼いでいる。

요우 씨는 일본어 학교에 다니는 한편 아르바이트로 학비를 벌고 있다.

| **Vるかたわら** | **Nのかたわら** | V 하는 한편 / N 외에

◆友人は花屋を営むかたわら、花の写真を撮り続けている。
친구는 꽃집을 운영하는 한편 계속 꽃 사진을 찍고 있다.

◆姉は家事のかたわら、ボランティア活動をしている。
누나는 집안일 외에 봉사활동을 하고 있다.

문제

7 この団体は、医師や看護師を海外へ<u>派遣</u>している。
その活動の趣旨に賛同して寄付をした。

1　はたん
2　はけん
3　はてん
4　はせん

8 我が社の経営状態は、＿＿＿＿悪化している。

1　いちじるしく
2　わずらわしく
3　まぎらわしく
4　めざましく

9 パソコンのデータは、紙と違って保存を＿＿＿＿
が最後、消えてしまう。

1　忘れる
2　忘れて
3　忘れた
4　忘れない

정답

7 **2** この団体は、医師や看護師を海外へ<u>派遣</u>している。その活動の趣旨に賛同して寄付をした。

이 단체는 의사나 간호사를 해외에 파견하고 있다. 그 활동의 취지에 찬동하여 기부했다.

護	ゴ：弁護士 변호사・保護する 보호하다・介護する 개호하다
派	ハ：派手な 화려한・立派な 훌륭한・〜派 〜파
遣	ケン：派遣する 파견하다
	つか(-う)：小遣い 용돈・無駄遣い 낭비
旨	シ：要旨 요지・趣旨 취지

8 **1** 我が社の経営状態は、**著しく**悪化している。

우리 회사의 경영 상태는 현저히 악화되고 있다.

著しい	(いちじるしい)	현저하다
煩わしい	(わずらわしい)	번거롭다
紛らわしい	(まぎらわしい)	헷갈리다
目覚ましい	(めざましい)	놀랍다 / 눈부시다

9 **3** パソコンのデータは、紙と違って保存を<u>忘れた</u>が最後、消えてしまう。

컴퓨터의 데이터는 종이와 달라 저장하는 것을 잊어버리면 그만 삭제되어 버린다.

| Vたが最後 | 〜한다면 (그뿐)/〜하면 (그뿐) |

＊회화에서「〜たら最後」라고도 말한다.

◆少しでも音を立て<u>たが最後</u>、せっかく寝付いた赤ん坊が起きてしまう。

조금이라도 소리를 내면 겨우 잠든 아기가 깨어 버린다.

◆その歌声を一度でも聞い<u>たが最後</u>、皆忘れられなくなる。

그 노랫소리를 한 번이라도 들으면 모두가 잊을 수 없게 된다.

문제

10 機内で嫌がらせなどの<u>迷惑行為</u>を行った男に、罰金が科せられた。

1 めいわくこうぎ
2 めいわくこうい
3 まいわくこうい
4 まいわくこうぎ

4 ☐☐☐

11 英語で電話がかかってきて、驚いて、_____ 切ってしまった。

1 やけに
2 かりに
3 もろに
4 とっさに

4 ☐☐☐

12 あ、卵がない。悪いけど、散歩_____買ってきてくれない？

1 がてら
2 わざわざ
3 ついで
4 かたがた

4 ☐☐☐

정답

10 **2** 機内で嫌がらせなどの**迷惑行為**を行った男に、罰金が科せられた。

기내에서 남이 싫어하는 짓 등의 민폐 행위를 한 남자에게 벌금이 과해졌다.

嫌	ゲン：機嫌 기분
	いや：嫌な 싫은・嫌がらせ 짓궂은 짓
	きら(-う)：嫌う 싫어하다・嫌いな 싫어하는
惑	ワク：迷惑 민폐・疑惑 의혹・惑星 혹성
	まど(-う)：戸惑う 어리둥절하다
為	イ：行為 행위　＊為替 환율
罰	バツ：罰 벌・罰金 벌금・罰する 벌하다・処罰 처벌

11 **4** 英語で電話がかかってきて、驚いて、**とっさに**切ってしまった。

영어로 전화가 걸려 와서 놀라 순간적으로 끊어 버렸다.

とっさに	순간적으로
やけに	무척
仮に	(かりに) ①일시적으로 ②가령
もろに	전적으로

12 **1** あ、卵がない。悪いけど、**散歩がてら**買ってきてくれない？

어, 계란이 없네. 미안하지만, 산책 겸해서 사 오지 않을래?

N/V がてら　N도 겸해서 / V하는 것도 겸해서

＊Vますがてら　(＝～のついで(に))

◆伯母さん、引っ越したんだって。**遊びがてら**行ってみようか。

이모가 이사했다네. 놀러가는 겸해서 가볼까?

Nかたがた　＊「Nがてら」의 격식을 차린 말투

◆先日は、たいへん失礼いたしました。**おわびかたがた**ご挨拶まで。

지난 번에는 대단히 실례가 많았습니다. 사과 겸 인사 말씀드립니다.

문제

13 このテープは<u>縦</u>、横、斜めに伸縮するので、関節などに貼っても自由に動かせます。

1 たて
2 はば
3 はま
4 よこ

문자

14 私は若いときに＿＿＿＿＿＿＿、体を壊した。

1 台無しにして
2 無茶をして
3 無理にして
4 無駄をして

어휘

15 A「今日のランチは今度の食事会の下見を＿＿＿＿＿＿＿、あの店に行ってみようか。」
B「そうしよう。」

1 がてら
2 かねて
3 かたがた
4 かたわら

문법

정답

13

1 このテープは縦、横、斜めに伸縮するので、関節などに貼っても自由に動かせます。

이 테이프는 세로, 가로, 대각선으로 신축성이 있어서 관절 등에 붙여도 자유롭게 움직일 수 있습니다.

縦	ジュウ: 操縦する 조종하다　たて: 縦 세로
斜	シャ: 傾斜する 경사가 지다・斜面 사면　なな (-め): 斜め 비스듬함
縮	シュク: 短縮する 단축하다・縮小する 축소하다・伸縮する 신축하다
	ちぢ (-む): 縮む 오그라들다
貼	は (-る): 貼る 붙이다

14

2 私は若いときに**無茶をして**、体を壊した。　**OK** 無理をして

나는 젊었을 때 무리한 짓을 해서 건강을 해쳤다.

無茶	(むちゃ)	도리에 어긋나는 무리함
台無し	(だいなし)	엉망이 된 모양
無理	(むり)	무리
無駄	(むだ)	쓸데 없음

15

2 A「今日のランチは今度の食事会の下見を**兼ねて**、あの店に行ってみようか。」B「そうしよう。」

A「오늘 점심은 이번 식사회의 사전 답사를 겸해서 저 가게에 가볼까?」

B「그렇게 하자.」

(N₁ と)N₂ を兼ねて　(= N₁과 N₂ 두 개의 목적과 이유로)

◆兄は、**趣味と実益を兼ねて**ゴルフ場で働いている。

형은 취미와 실익을 겸해서 골프장에서 일하고 있다.

◆**語学の勉強を兼ねて**フランス料理を習う。(= 料理と語学の勉強が目的で)

어학 공부를 겸해서 프랑스 요리를 배운다. (= 요리와 어학 공부가 목적으로)

문제

2 일째 제1주

16 城跡の公園に行きませんか。博物館もあるし、<u>堀</u>の周りの桜がきれいですよ。

1 たな
2 へり
3 ほり
4 みぞ

문자

6 □□□

17 それについては、第三者を_____話し合ったほうがいいでしょう。

1 交えて
2 隔てて
3 連ねて
4 添えて

어휘

6 □□□

18 出発は、天候_____見合わせるかもしれない。

1 限り
2 次第
3 いかんでは
4 による

문법

6 □□□

정답

16 **3** 城跡の公園に行きませんか。博物館もあるし、堀の周りの桜がきれいですよ。

성터가 있는 공원에 가지 않겠습니까? 박물관도 있고 해자 주변의 벚꽃이 멋있어요.

(＊해자 : 성벽 바깥에 도랑을 파서 물을 괴게 한 수로)

跡	セキ：遺跡 유적　あと：跡 흔적・足跡 발자국・城跡 성터
堀	ほり：堀 해자
博	ハク：博物館 박물관・博士 박사　＊博士 박사
溝	コウ：側溝 도랑　みぞ：溝 도랑 / 홈 / 틈

17 **1** それについては、第三者を交えて話し合ったほうがいいでしょう。

그것에 대해서는 제삼자를 끼게 해서 이야기를 하는 것이 좋겠습니다.

交える	（まじえる）	섞다 / 끼게 하다　＊交わる 교제하다
隔てる	（へだてる）	사이에 두다
連ねる	（つらねる）	줄지어 세우다　＊連なる 줄지어 있다
添える	（そえる）	첨부하다

18 **3** 出発は、天候いかんでは見合わせるかもしれない。

OK 天候次第では／天候によっては

출발은 날씨 여부에 따라 미룰지도 모른다.

N(の)いかん(だ) **N(の)いかんによる** （＝N에 달렸다）　＊딱딱한 표현

◆合格するかどうかは君たちの努力いかんだ。

합격 여부는 너희들의 노력 여하에 달렸다.

◆ランナーの体調いかんによっては出場中止もやむを得ない。

러너의 몸 상태에 따라 출장 중지도 부득이하다.

＊「N(の)いかんによらず」「N(の)いかんにかかわらず」（＝N에 관계없이）

문제   **2 일째**   **제1주**

19 その<u>戸棚</u>には缶詰や瓶詰、梅干しなど保存食が入っています。

1 とだな
2 こだな
3 たんす
4 ふすま

문자

7 □□□

20 赤ちゃんが生まれても、_____を続けないと生活できません。

1 共稼ぎ
2 両稼ぎ
3 共就業
4 両就業

어휘

7 □□□

21 日本のデパートや店は、過剰包装の_____。

1 きらいだ
2 きらいではない
3 きらいがある
4 きらいがない

문법

7 □□□

정답

19 **1** その<u>戸棚</u>には缶詰や瓶詰、梅干しなど保存食が入っています。

그 찬장에는 통조림과 병조림, 매실 장아찌 등 보존식이 들어 있습니다.

棚	たな：棚 선반・本棚 책장・戸棚 찬장
缶	カン：缶 캔・缶詰 통조림・空き缶 빈 캔
瓶	ビン：花瓶 꽃병・瓶 병・瓶詰 병조림
梅	バイ：梅雨 장마　＊梅雨(つゆ)
	うめ：梅 매실・梅干し 매실 장아찌

20 **1** 赤ちゃんが生まれても、**共稼ぎ**を続けないと生活できません。

OK 共働き(ともばたらき)

아기가 태어나도 맞벌이를 계속하지 않으면 생활할 수가 없습니다.

共稼ぎ (ともかせぎ)　맞벌이 (＝共働き)

＊専業主婦　전업주부

21 **3** 日本のデパートや店は、過剰包装の**きらいがある**。

일본의 백화점이나 가게는 과대 포장의 경향이 있다.

Nのきらいがある | **Vるきらいがある**　＊좋지 않은 경향이 있다.

◆現代人は食べ過ぎの**きらいがある**。

현대인은 과식하는 경향이 있다.

◆都会では隣近所との付き合いが<u>薄れるきらいがある</u>。

도시에서는 이웃과의 교제가 엷어지는 경향이 있다.

문제

2 일째 **제 1 주**

22 僕は学生の頃、いつも新しいデザインを考えては手帳に<u>描いて</u>いました。

1　えかいて
2　あがいて
3　かいて
4　ひいて

23 アパートの家賃の支払いが、3ヶ月＿＿＿＿＿＿。何とかしなくては。

1　乱れている
2　怠っている
3　滞っている
4　費やしている

24 その大柄な力士の200キロ＿＿＿＿＿＿体が、小柄な力士によって投げ飛ばされた。

1　からある
2　からする
3　からして
4　からこそ

정답

22 **3** 僕は学生の頃、いつも新しいデザインを考えては手帳に<u>描いて</u>いました。

저는 학생 때 항상 새로운 디자인을 생각하여 수첩에 그리고는 했습니다.

| 僕 | ボク : 僕 나 / 저
| 頃 | ころ : ~の頃 ~ 때・~頃 ~ 때・近頃 요즘・日頃 평소
| 帳 | チョウ : 手帳 수첩・通帳 통장・几帳面な 꼼꼼한
| 描 | ビョウ : 描写する 묘사하다
| | えが(-く) : 描く 묘사하다 / 표현하다
| | か(-く) : 描く 그리다

---

23 **3** アパートの家賃の支払いが、3ヶ月<u>滞っている</u>。何とかしなくては。

아파트 방세의 지불이 3 개월 밀리고 있다. 어떻게든 해야 되는데.

滞る	（とどこおる）	밀리다
乱れる	（みだれる）	흐트러지다 *乱す 어지럽히다
怠る	（おこたる）	태만하다
費やす	（ついやす）	소비하다

---

24 **1** その大柄な力士の 200 キロ<u>からある</u>体が、小柄な力士によって投げ飛ばされた。

그 큰 몸집인 스모선수의 200 킬로그램이나 되는 몸이 작은 몸집의 스모선수에 의해 내던져졌다.

~からある ＊그만큼 수량이 많다.

◆<u>千ページからある本</u>を 1 日で読んだ。　천 페이지나 되는 책을 하루에 읽었다.

~からする ＊그만큼 가치가 높다.

◆あの人は<u>百万からする</u>腕時計をしている。

그 사람은 백만 엔이나 하는 손목시계를 하고 있다.

25 この沿線は、相撲の国技館や問屋街などがあって、江戸情緒が残っている。

1 すも
2 すもう
3 すうも
4 そうも

26 Ａ社はＢ社に＿＿＿＿＿＿＿、新製品を発表した。

1 反抗して
2 抗議して
3 抵抗して
4 対抗して

27 その美しい声で朗読される詩は、ピアノ演奏＿＿＿＿＿＿＿聴衆の心に染みた。

1 に伴って
2 と相まって
3 かたがた
4 のかたわら

정답

25 **2** この沿線は、**相撲**の国技館や問屋街などがあって、江戸情緒が残っている。

이 연선은 스모 국기관과 도매상가 등이 있어서 에도 시대의 정취가 남아 있다.

| 沿 | エン：沿線 연선・沿岸 연안
そ(-う)：沿う 따르다・線路沿い 선로변 |
| 撲 | ＊相撲 스모 / 씨름 |
| 街 | ガイ：市街 시가・商店街 상점가・街頭 가두・官庁街 관청가
まち：街 거리・街角 길모퉁이 |
| 江 | コウ：江東区 고토구　え：江戸 에도 |

---

26 **4** A社はB社に**対抗して**、新製品を発表した。

A사는 B사에 대항하여 신제품을 발표했다.

対抗する	(たいこうする)	대항하다
反抗する	(はんこうする)	반항하다
抗議する	(こうぎする)	항의하다
抵抗する	(ていこうする)	저항하다

---

27 **2** その美しい声で朗読される詩は、ピアノ演奏**と相まって**聴衆の心に染みた。

그 아름다운 소리로 낭독되는 시는 피아노 연주와 더불어 청중의 마음에 스며들었다.

~と相まって ~와 더불어

◆ 天才的なプレーがルックスの良さ**と相まって**、彼は一躍人気者になった。
　 천재적인 플레이가 잘 생긴 외모와 더불어 그는 일약 인기인이 되었다.

◆ この商品は、手ごろな値段が話題性**と相まって**、爆発的に売れた。
　 이 상품은 적당한 가격이 화제성과 더불어 폭발적으로 팔렸다.

문제

28 あの縁なしの眼鏡をかけている人は、弁護士さんです。

1　ふち
2　えん
3　ふし
4　えり

29 ＿＿＿＿＿＿＿交際中の二人が、ついに婚約を発表しました。

1　不意に
2　前もって
3　あらかじめ
4　かねてより

30 彼に連絡＿＿＿＿＿＿、連絡先がわからないので、できない。

1　するかぎり
2　しようが
3　しようにも
4　しまいが

정답

28 **1** あの<u>縁</u>なしの<u>眼鏡</u>をかけている人は、<u>弁護士</u>さんです。

저 테가 없는 안경을 쓰고 있는 사람은 변호사입니다.

縁	エン：縁 연・縁談 혼담　**ふち**：縁 가장자리 / 테
眼	**ガン**：近眼 근시・眼科 안과　＊眼鏡 안경
鏡	**キョウ**：望遠鏡 망원경　**かがみ**：鏡 거울　＊眼鏡 안경
弁	**ベン**：弁当 도시락・弁護士 변호사・弁論 변론・弁解する 변명하다

29 **4** <u>かねてより</u>交際中の二人が、ついに婚約を発表しました。

이전부터 교제중인 두 사람이 마침내 약혼을 발표했습니다.

かねてより	이전부터
不意に	(ふいに) 뜻밖에
前もって	(まえもって) 미리
あらかじめ	사전에

30 **3** 彼に連絡<u>しようにも</u>、連絡先がわからないので、できない。

그에게 연락을 하려고 해도 연락처를 모르니까 할 수 없다.

Vようにも Vられない　(＝V하고 싶지만 할 수 없다)

◆ 鍵が見つからなくて、<u>出かけ</u>ようにも<u>出かけ</u>られない。

열쇠를 찾을 수 없어 외출하려고 해도 나갈 수 없다.

Vようにも…　**Vるにも…**　＊…는 V할 수 없는 이유

◆ <u>引っ越そう</u>にもお金がない。

이사하려고 해도 돈이 없다.

문제

3 일째　제 1 주

31 <u>後輩</u>は鉄道に興味があるので、誕生日に列車の模型をあげようと思う。

1　ごはい
2　こはい
3　こうはい
4　ごうはい

11 ☐☐☐

32 どんなに優秀な医者でも、生きる＿＿＿＿＿＿＿を失った患者を治すことは難しい。

1　意図
2　意欲
3　意向
4　意地

11 ☐☐☐

33 子供たちは食卓に＿＿＿＿＿＿＿が早いか、もう食べ始めていた。

1　つく
2　ついた
3　つかない
4　つこう

11 ☐☐☐

정답

31 **3** <u>後輩</u>は鉄道に興味があるので、誕生日に列車の模型をあげようと思う。

후배는 철도에 흥미가 있으니까 생일에 열차 모형을 주려고 한다.

- 輩 ハイ：先輩 선배・後輩 후배
- 興 キョウ：興味 흥미・~に興じる ~를 즐기다
  - コウ：復興 부흥・新興住宅地 신흥주택지
- 誕 タン：誕生日 생일・誕生 탄생
- 模 モ：模様 모양・模型 모형　ボ：規模 규모

---

32 **2** どんなに優秀な医者でも、生きる<u>意欲</u>を失った患者を治すことは難しい。

아무리 우수한 의사라도 살려는 의욕을 잃은 환자를 고치기는 어렵다.

意欲	(いよく)	의욕
意図	(いと)	의도 (＝目的)(= 목적)
意向	(いこう)	의향
意地	(いじ)	고집

---

33 **1** 子供たちは食卓に<u>つく</u>が早いか、もう食べ始めていた。

아이들은 식탁에 앉자마자 벌써 먹기 시작하고 있었다.

Vるが早いか （＝V하는 것과 거의 동시에）

- 危ない、と<u>言うが早いか</u>、彼は車の前に飛び出して老人を助けた。

  위험해라고 말하자마자 그는 차 앞으로 뛰어나가 노인을 구했다.

- 男の子たちは服を<u>脱ぎ捨てるが早いか</u>、川に飛び込んだ。

  남자 아이들은 옷을 벗어던지자마자 강으로 뛰어들었다.

문제

34 詳細は添付したファイルにまとめました。
作業の際、適宜ご覧ください。

1　しょうさい
2　ようさい
3　めいさい
4　そうさい

35 この商品は、ネットで＿＿＿＿＿ことができます。

1　取り寄せる
2　取り混ぜる
3　取り組む
4　取り戻す

36 健康な体＿＿＿＿＿の趣味や仕事ですから、無理を
しないでください。

1　なし
2　なくて
3　あって
4　あれば

정답

34 **1** 詳細は添付したファイルにまとめました。作業の際、適宜ご覧ください。

상세한 것은 첨부한 파일에 정리했습니다. 작업할 때 적절히 봐 주십시오.

詳	ショウ：詳細 상세　くわ(-しい)：詳しい 상세하다
添	テン：添付する 첨부하다・添加物 첨가물
	そ(-う/-える)：付き添う 시중들다・添える 곁들이다
宜	ギ：適宜 적당・便宜 편의　よろ(-しい)：宜しい 좋다
覧	ラン：展覧会 전람회・ご覧ください 봐 주십시오・回覧する 회람하다

---

35 **1** この商品は、ネットで**取り寄せる**ことができます。

이 상품은 인터넷에서 주문하여 받을 수 있습니다.

取り寄せる	(とりよせる)	주문하여 받다
取り混ぜる	(とりまぜる)	뒤섞다
取り組む	(とりくむ)	몰두하다
取り戻す	(とりもどす)	되돌리다

---

36 **3** 健康な体**あっての**趣味や仕事ですから、無理をしないでください。

건강한 몸이 있어야 취미나 일을 하니까, 무리하지 마십시오.

N₁あってのN₂　＊ N₁이 없으면 N₂는 성립하지 않는다.

◆ <u>視聴者あっての</u>番組だから、視聴率を気にするわけです。
시청자가 있어야 하는 프로그램이니까 시청률에 신경쓰는 겁니다.

◆ 我々の仕事は、<u>客あっての</u>ビジネスだ。
우리가 하는 일은 고객이 있어야 하는 비즈니스다.

문제

3 일째 　제1주

37 私は、糖分や塩分を<u>控えた</u>食事を心がけている。

1　たくわえた
2　とらえた
3　たえた
4　ひかえた

13 ☐☐☐

38 耳を_____聞いてごらん。

1　傾いて
2　澄まして
3　ふさいで
4　疑って

13 ☐☐☐

39 彼の態度は失礼_____。

1　極みない
2　極まらない
3　極みではない
4　極まりない

13 ☐☐☐

정답

37 **4** 私は、糖分や塩分を<u>控えた</u>食事を心がけている。

나는 당분이나 염분을 줄인 식사를 하려고 노력하고 있다.

糖	**トウ**：砂糖 설탕・糖分 당분
控	**コウ**：控除する 공제하다
	ひか (-える)：控える 앞두다 / 삼가다・控え室 대기실
耐	**タイ**：忍耐 인내・耐久性 내구성
	た (-える)：耐える 견디다
捉	**とら (-える)**：捉える 포착하다

---

38 **2** 耳を<u>澄まして</u>聞いてごらん。　**OK** 傾けて

귀를 기울여 들어 보렴.

耳を澄ます	(みみをすます)	(신경을 집중해서) 귀를 기울이다
耳を傾ける	(みみをかたむける)	귀를 기울이다
耳をふさぐ	(みみをふさぐ)	귀를 막다
耳を疑う	(みみをうたがう)	귀를 의심하다

---

39 **4** 彼の態度は失礼<u>極まりない</u>。　**OK** 失礼極まる

그의 태도는 실례하기 짝이 없다.

| Na(なこと) 極まりない | | Aいこと極まりない | Na 極まる |

(=とても~だ)　＊딱딱한 표현　＊강조의 정도가 심하다

◆あの事件は悲惨(なこと)極まりなかった。(=悲惨極まる)

그 사건은 비참하기 짝이 없었다.

◆その少年の気性は<u>激しいこと極まりない</u>。

그 소년의 성미는 드세기 짝이 없다.

激しいこと極まる ✘
言わない！

40 A「隣に越してきた田中と申します。よろしくお願い致します。」
B「それはご丁寧に、ありがとうございます。」

1　ちょうだい
2　ていねい
3　ていちょう
4　ちょうてい

41 我が国は、天然資源に＿＿＿＿＿。

1　みすぼらしい
2　とぼしい
3　いやしい
4　むなしい

42 その工芸品の見事さといったら＿＿＿＿＿。

1　ありはしない
2　ない
3　ほかない
4　ほかならない

정답

40

2 A「隣に越してきた田中と申します。よろしくお願い致します。」
B「それはご丁寧に、ありがとうございます。」

A「옆집에 이사 온 다나카라고 합니다. 잘 부탁합니다.」
B「정중하게 인사까지 와 주시다니, 감사합니다.」

隣	リン：隣人 이웃 사람　**となり**：隣 옆 / 이웃
丁	テイ：丁寧な 정중한　チョウ：〜丁目 〜번가・包丁 식칼
寧	ネイ：丁寧な 정중한
致	チ：一致する 일치하다・合致する 합치하다

いた (-す)：致す 삼가 하다

41

2 我が国は、天然資源に**乏しい**。
우리 나라는 천연자원이 부족하다.

乏しい	(とぼしい)	부족하다
みすぼらしい		초라하다
卑しい	(いやしい)	천하다
むなしい		허무하다

42

2 その工芸品の見事さといったら**ない**。
그 공예품의 훌륭함이란 이루 말할 수 없다.

〜といったらない (＝말도 안될 만큼 매우〜다)

◆ その日の富士山は**美しいといったらなかった**。
그 날 후지산은 아름답기 이루 말할 수 없었다.

〜といったらありはしない

＊「ありはしない(ありゃしない)」는 부정적인 것에 사용한다

◆ 選挙カーの声がうるさい(とい)**ったらありゃしない**。
선거차의 소리가 너무 시끄러움은 이루 말할 수 없다.

문제

43 今朝は庭に霜が降りていました。

1　しも
2　らい
3　きり
4　つゆ

44 ダイエットに成功したのはいいが、ズボンが_____になった。

1　ぴちぴち
2　つくづく
3　ながなが
4　だぶだぶ

45 あの人_____、約束の時間に間に合ったことがないんだから…。

1　ときたら
2　にしたら
3　とみたら
4　につけても

정답

43

1 今朝は庭に霜が降りていました。

오늘 아침은 정원에 서리가 내렸습니다.

霜	**しも**：霜 서리
雷	**ライ**：雷雨 뇌우　**かみなり**：雷 천둥
霧	**ム**：濃霧 짙은 안개　**きり**：霧 안개
露	**ロ**：暴露する 폭로하다・露骨な 노골적인・露天風呂 노천탕
	ロウ：披露する 피로하다　**つゆ**：露 이슬

44

4 ダイエットに成功したのはいいが、ズボンが**だぶだぶ**になった。

다이어트에 성공한 것은 좋지만 바지가 헐렁헐렁해 졌다.

だぶだぶ	〈옷 등이 너무 큰 모양〉(= ぶかぶか)
ぴちぴち	◆**ぴちぴち**のジーンズ 갑갑한 청바지
つくづく	정말
長々	(ながなが) 오랫동안

45

1 あの人**ときたら**、約束の時間に間に合ったことがないんだから…。

저 사람으로 말하자면 약속시간에 댄 적이 없다니까...

| **Nときたら** | ＊N에 대한 불만과 비판을 말하다. |

◆ あの店員**ときたら**、無愛想で失礼だ。
저 점원으로 말하자면 무뚝뚝해서 실례다.

◆ 妹**ときたら**、遊んでばかりでちっとも家の手伝いをしない。
여동생으로 말하자면 놀기만 하고 조금도 집안일을 돕지 않는다.

문제

46 その宮殿の装飾は驚くほど見事だった。

1 ぐうでん
2 ぐてん
3 きゅうでん
4 ごてん

47 葉っぱについた_____が、ダイヤモンドのように輝いている。

1 とげ
2 しずく
3 くき
4 つぼみ

48 こういう問題が浮上するとは、予想だに_____。

1 なかった
2 した
3 しなかった
4 あった

정답

46 **3** その**宮殿**の装飾は驚くほど見事だった。

그 궁전의 장식은 놀랄만큼 훌륭했다.

문자

宮	**キュウ**: 宮殿 궁전　**グウ**: 神宮 신궁　**ク**: 宮内庁 궁내청
殿	**デン**: 宮殿 궁전・神殿 신전
	テン: 御殿 저택　**との**: 殿様 양반　**どの**: ~殿 ~ 귀하
飾	**ショク**: 装飾する 장식하다　**かざ(-る)**: 飾る 장식하다
驚	**キョウ**: 驚異 경이
	おどろ(-く/-かす): 驚く 놀라다・驚かす 놀래키다

---

47 **2** 葉っぱについた**滴**が、ダイヤモンドのように輝いている。

잎에 붙은 물방울이 다이아몬드처럼 빛나고 있다.

어휘

滴	(しずく)	물방울
とげ		가시
茎	(くき)	줄기
つぼみ		꽃망울

---

48 **3** こういう問題が浮上するとは、予想だに**しなかった**。

이런 문제가 부상할 줄은 예상조차 하지 못했다.

문법

~だに　(=~だけでも/~でさえ)(=~ 조차/~ 도)

◆あなたにお会いできるなんて、**夢だに**思いませんでした。(=夢でさえ)

당신과 만나게 될 줄은 꿈에도 생각 못했습니다.

◆戦争なんて**考えるだに**恐ろしい。(=考えるだけでも)

전쟁이란 생각만 해도 무섭다.

◆こんな賞をもらえるなんて、**想像だに**しなかった。(=想像さえ)

이런 상을 받을 줄은 상상도 못했다.

문제

49 これは<u>羊</u>の肉です。

1 ぶた
2 とり
3 くじら
4 ひつじ

50 ゴールデンウイークも＿＿＿＿終わり、また忙しい毎日が始まった。

1 そっけなく
2 あっけなく
3 おっかなく
4 みっともなく

51 ゴキブリめ、一匹＿＿＿＿逃がさないぞ！

1 かぎり
2 たりとも
3 かぎらず
4 たりても

정답

49 **4** これは<u>羊</u>の肉です。

이것은 양고기입니다.

羊	**ヨウ**：羊毛 양털　**ひつじ**：羊 양
豚	**ぶた**：豚 돼지
鶏	**ケイ**：鶏肉 닭고기　＊「鶏肉」는「とりにく」라고 읽기도 한다.
	にわとり：鶏 닭
鯨	**ゲイ**：捕鯨 포경　**くじら**：鯨 고래

---

50 **2** ゴールデンウイークも<u>あっけなく</u>終わり、また忙しい毎日が始まった。

골든위크도 싱겁게 끝나고 또 바쁜 매일이 시작되었다.

あっけない	싱겁다 / 어이없다 / 허무하다
素っ気ない	(そっけない) 쌀쌀맞다 / 인정머리 없다
おっかない	＊「恐ろしい」의 익살스러운 말투
みっともない	보기 흉하다

---

51 **2** ゴキブリめ、<u>一匹たりとも</u>逃がさないぞ！

바퀴 벌레 녀석, 한 마리라도 놓치지 않을거야!

Nたりとも…ない （＝N이라도 / N조차）

＊N＝최소수량（一日、一滴、一分、一瞬 등）

◆水不足の折、<u>一滴たりとも</u>無駄にできない。
　물이 부족할 때, 한 방울도 낭비할 수 없다.

Nなりと(も) N이라도

◆<u>多少なりとも</u>（＝少しは）　◆<u>何なりと</u>（＝何でも）
　조금이라도　　　　　　　　　　무엇이라도

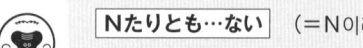

52 同僚はゴルフコンペで優勝し、<u>豪華</u>な賞品を獲得した。

1　ごうか
2　こうか
3　ごうけ
4　ぜいたく

53 あそこのラーメン、みんなはおいしいというけれど、_____しすぎていて私の好みではない。

1　ぐったり
2　がっくり
3　てっきり
4　こってり

54 彼女は、店の前を_____して、中に入るのをためらっていた。

1　行きつ戻りつ
2　行こうが行くまいが
3　行こうと戻ろうと
4　行くか行かないか

정답

52

1 同僚はゴルフコンペで優勝し、**豪華**な賞品を獲得した。

동료는 골프 경기 대회에서 우승하여 호화로운 상품을 획득했다.

僚	リョウ：同僚 동료・官僚 관료
豪	ゴウ：富豪 부호
華	カ：豪華な 호화로운　はな：華やかな 화려한・華々しい 화려한
獲	カク：獲得する 획득하다・捕獲する 포획하다　え (-る)：獲物 사냥감

문자

53

4 あそこのラーメン、みんなはおいしいというけれど、**こってり**しすぎていて私の好みではない。

저곳의 라면은 다들 맛있다고 하지만 너무 맛이 진해서 내 취향은 아니다.

こってり	◆こってりしている 진한 맛이다
	⇔あっさりしている 담백한 맛이다
ぐったり	◆ぐったりする 녹초가 되다
がっくり	◆がっくりする 맥이 빠지다
てっきり	◆てっきり～と思う 틀림없이 ～라고 생각하다

어휘

54

1 彼女は、店の前を**行きつ戻りつ**して、中に入るのをためらっていた。

그녀는 가게 앞을 왔다 갔다 하며 안에 들어가는 것을 망설이고 있었다.

V₁つ V₂つ　＊Vますつ　(＝ V₁ 하거나 V₂ 하면서)

◆この業者とうちの店は、**持ちつ持たれつ**の関係です。

이 업자와 우리 가게는 서로 상부상조하는 관계입니다.

◆友人と**差しつ差されつ**、酒を飲んだ。

친구와 주거니 받거니 술을 마셨다.

문법

46

55 この業界は厳しい経費削減を迫られている。

1 はげしい
2 いちじるしい
3 きびしい
4 めざましい

56 あれは、スピード違反＿＿＿＿＿のカメラのようだ。

1 取りしらべ
2 取りひき
3 取りあつかい
4 取りしまり

57 少年は、天使＿＿＿＿＿微笑を浮かべていた。

1 のごとき
2 からする
3 のごとに
4 かのよう

정답

55 **3** この業界は<u>厳しい経費削減を迫</u>られている。

이 업계는 혹독한 경비 삭감에 직면해 있다.

厳	ゲン：厳重な 엄중한・厳密な 엄밀한・厳守する 엄수하다
	きび(-しい)：厳しい 엄하다　おごそ(-か)：厳かな 엄숙한
削	サク：削除する 삭제하다・削減する 삭감하다　けず(-る)：削る 깎다
迫	ハク：圧迫する 압박하다・脅迫する 협박하다
	せま(-る)：迫る 다가오다
激	ゲキ：感激する 감격하다・刺激する 자극하다・激励する 격려하다
	はげ(-しい)：激しい 격렬하다

---

56 **4** あれは、スピード違反<u>取り締まり</u>のカメラのようだ。

저것은 속도 위반 단속 카메라인 것 같다.

取り締まり	(とりしまり)	단속
取り調べ	(とりしらべ)	조사
取り引き	(とりひき)	흥정
取り扱い	(とりあつかい)	취급

---

57 **1** 少年は、天使<u>のごとき</u>微笑を浮かべていた。　**OK** 天使のような

소년은 천사와 같은 미소를 띠고 있었다.

N₁のごときN₂ 　(＝N₁のようなN₂)(＝N₁과 같은 N₂)

◆ <u>空のごとき広い心</u>と、<u>海のごとき深い愛</u>を持ちたい。

하늘과 같은 넓은 마음과 바다와 같은 깊은 사랑을 갖고 싶다.

NのごとくV　(＝NのようにV)　＊딱딱한 표현

◆ 悩みを打ち明けて、気分は<u>羽のごとく軽くなった</u>。

고민을 털어놓고, 기분은 날개처럼 가벼워졌다.

문제

58 お盆の帰省ラッシュで道路は<u>渋滞</u>し、徐行運転が続いた。

1 じょうたい
2 じゅうたい
3 ていたい
4 ちんたい

59 このところ残業続きで疲れていたので、昨日の休日は_____寝て過ごした。

1 しょっちゅう
2 ひたすら
3 ことごとく
4 まして

60 私はあの方を尊敬して_____。

1 かねません
2 やみません
3 すぎません
4 なりません

정답

58 **2** お盆の帰省ラッシュで道路は**渋滞**し、**徐行**運転が続いた。

오본(백중)의 귀성 러시로 도로는 정체되고 서행운전이 이어졌다.

|盆| ボン : 盆 쟁반・お盆 오본(백중：지금은 양력 8월 15일)・盆地 분지
|渋| ジュウ : 渋滞する 정체하다　しぶ(-い) : 渋い 떫다
|滞| タイ : 滞在する 체재하다・停滞する 정체하다・滞納する 체납하다
　　とどこお(-る) : 滞る 밀리다
|徐| ジョ : 徐々に 서서히・徐行する 서행하다

---

59 **2** このところ残業続きで疲れていたので、昨日の休日は**ひたすら**寝て過ごした。

요즘은 잔업이 이어져 피곤해서 어제 휴일은 오로지 자면서 지냈다.

ひたすら	〈오로지 그것만 하는 모습〉
しょっちゅう	시종
ことごとく	사사건건
まして	게다가 / 더욱이 / 말할 것도 없이

---

60 **2** 私はあの方を尊敬して**やみません**。

나는 저분을 존경해 마지않습니다.

Vてやまない　(＝とてもVている)(＝ 매우 V한다)　＊딱딱한 표현

＊강한 마음이 이어지는 모습을 나타낸다

◆この絵は見る人をひきつけ**てやまない**。

이 그림은 보는 사람을 매혹시켜 마지않는다.

◆紛争の終結と平和を願っ**てやまない**。

분쟁의 종결과 평화를 바라 마지않는다.

61 趣味は俳句や詩を作ること、それに漫画も描いたりします。

1 きょうみ
2 しゅみ
3 きゅうみ
4 ちゅみ

62 ＿＿＿＿＿をこぼす相手を間違えると、誤解を招くので気をつけよう。

1 本音
2 お世辞
3 ぐち
4 建前

63 これは皮膚科の医師が薦めている＿＿＿＿＿、肌に優しい石けんだ。

1 とあって
2 あっての
3 にあたって
4 とあれば

정답

61 **2** <u>趣味</u>は<u>俳句</u>や<u>詩</u>を作ること、それに<u>漫</u>画も描いたりします。

취미는 하이쿠나 시를 짓는 것, 그리고 만화도 그리기도 합니다.

趣	シュ：趣味 취미・趣旨 취지 **おもむき**：趣 멋
俳	ハイ：俳優 배우・俳句 하이쿠
詩	シ：詩 시・詩人 시인
漫	マン：漫画 만화

---

62 **3** <u>愚痴</u>をこぼす相手を間違えると、誤解を招くので気をつけよう。

불평을 말할 상대를 잘못 정하면 오해를 부르기 때문에 주의를 하자.

愚痴	(ぐち)	불평 ◆**愚痴をこぼす** 푸념하다
本音	(ほんね)	본 마음
お世辞	(おせじ)	비위를 맞추는 말
建前	(たてまえ)	명분

---

63 **1** これは皮膚科の医師が薦めている**とあって**、肌に優しい石けんだ。

이것은 피부과의 의사가 추천하는 만큼 피부에 부드러운 비누이다.

Nとあって / **Vるとあって**　(=～というわけで／～という状況なので)

◆円高**とあって**、海外からの旅行者は少なくなった。

엔고로 인해 해외로부터의 여행자는 적어졌다.

～とあれば　(=～というわけなら／～という状況ならば)

◆気温が 26 度**とあれば**、半袖を着るのもわかる。

기온이 26 도라면 반팔을 입을 만하다.

64 遊ぶ暇もなく、寮と職場を<u>往復</u>する毎日だが、仕事仲間がいるので寂しくはない。

1 おうふく
2 じゅうふく
3 ほうふく
4 ちょうふく

65 彼の言うことが＿＿＿＿ので、返事をしなかった。

1 気にさわった
2 気にくえない
3 気にかけた
4 気にとめた

66 こちらは日中は暖かく、コートは要らない＿＿＿＿ところです。

1 とした
2 ときた
3 といった
4 とあった

정답

64 **1** 遊ぶ暇もなく、寮と職場を往復する毎日だが、仕事仲間がいるので寂しくはない。

놀 여유도 없이 기숙사와 직장을 왕복하는 나날이지만 일을 같이 하는 동료가 있어서 외롭지는 않다.

暇	カ：休暇 휴가・余暇 여가　ひま：暇 한가함
寮	リョウ：寮 기숙사
往	オウ：往復 왕복・往診 왕진
寂	さび (-しい)：寂しい 쓸쓸하다

---

65 **1** 彼の言うことが**気に障った**ので、返事をしなかった。

OK 気に食わない

그가 말하는 것이 불쾌해서 대답을 하지 않았다.

気に障る	(きにさわる)	불쾌하다
気に食わない	(きにくわない)	(＝気に入らない) 마음에 안 든다
気にかける	(きにかける)	마음에 두다 / 걱정하다
気に留める	(きにとめる)	유념하다 (＝心に留める)

---

66 **3** こちらは日中は暖かく、コートは要らない**といった**ところです。

이곳은 낮은 따뜻해서 코트는 필요 없다고 할 만한 정도입니다.

~というところだ　~といったところだ

＊상황이나 정도, 내용에 대해서 설명한다

◆こちらの桜は3分咲き**というところです**。

이 곳의 벚꽃은 30% 정도 핀 상태입니다.

◆よく売れている色は、黒、グレー、茶**といったところである**。

잘 팔리는 색은 검정, 회색, 갈색 같은 것이다.

문제

67 来月の下旬に<u>田舎</u>に帰ります。

1　こきょう
2　きょうり
3　いなか
4　ふるさと

68 馬の赤ちゃんが生まれたが、次の日に死んでしまった。＿＿＿＿命だった。

1　あやうい
2　はかない
3　たやすい
4　すばやい

69 復旧＿＿＿＿、まだダイヤは乱れています。

1　したとあって
2　したといった
3　したりとも
4　したとはいえ

정답

67 **3** 来月の下旬に**田舎**に帰ります。

다음 달 하순에 고향에 돌아갑니다.

문자

旬	ジュン：初旬 초순・上旬 상순・中旬 중순・下旬 하순
舎	シャ：校舎 교사 ＊田舎 시골
郷	キョウ：故郷 고향・郷土 향토
里	リ：郷里 향리

68 **2** 馬の赤ちゃんが生まれたが、次の日に死んでしまった。**はかない**命だった。

망아지가 태어났지만 다음 날에 죽어 버렸다. 덧없는 생명이었다.

어휘

はかない	덧없다
危うい	(あやうい) 위험하다 (= 危ない)
たやすい	쉽다 (= 容易な)
素早い	(すばやい) 재빠르다

69 **4** 復旧**したとはいえ**、まだダイヤは乱れています。

복구되었다고는 해도 아직 운행 시각표는 혼란합니다.

문법

～とはいえ （＝確かに～だが、しかし…）(=～라고는 하지만)

◆ <u>困難だ</u>**とはいえ**、この問題を避けては通れない。

곤란하다고 해도 이 문제를 피해갈 수는 없다.

◆ 忙しい**とはいえ**、先週ほどではない。

바쁘다고 해도 지난 주 만큼은 아니다.

문제

70 酢は洗剤の代わりや<u>除菌</u>に使えるほか、蚊をよける効果もあるそうだ。

1 じょきん
2 よきん
3 しょきん
4 ちょきん

71 魚釣りに行って6時間も＿＿＿＿＿が、一匹も釣れなかった。

1 ねだった
2 ねたんだ
3 ねった
4 ねばった

72 男＿＿＿＿＿者は人前で涙を見せないものだ、と彼は言った。

1 べき
2 こそ
3 なり
4 たる

정답

70 **1** 酢は洗剤の代わりや除菌に使えるほか、蚊をよける効果もあるそうだ。

식초는 세제 대신이나 제균에도 사용할 수 있고 그 외에 모기의 접근을 방지하는 효과도 있다고 한다.

酢	**す**: 酢 식초
剤	**ザイ**: 洗剤 세제・殺虫剤 살충제・接着剤 접착제
菌	**キン**: 菌 균・細菌 세균・ばい菌 미균・除菌 제균
蚊	**か**: 蚊 모기・蚊取り器 모기 잡이 기구

---

71 **4** 魚釣りに行って6時間も**粘った**が、一匹も釣れなかった。

낚시에 가서 6시간이나 버텼지만 한 마리도 낚지 못했다.

粘る	(ねばる) 버티다 / 끈기 있게 버티어 내다
ねだる	조르다
ねたむ	시기하다
練る	(ねる) ◆粉を練る 가루를 반죽하다
	◆計画を練る 계획을 짜다

---

72 **4** **男たる**者は人前で涙を見せないものだ、と彼は言った。

남자다운 자는 타인 앞에서 눈물을 보이지 않는 것이다라고 그는 말했다.

N₁たる(N₂) **N₁ともあろう(N₂)** ~ 라는 / ~ 다운

(= N₁の立場にあるN₂ / N₁の資格があるN₂は)

* 「Nたる者」 형태로 자주 사용된다.

◆ 上司たる者は、部下の失敗の責任を取らねばならない。

상사라는 사람은 부하의 실패 책임을 져야 한다.

◆ 教師ともあろう者がそんなこともわからないとは恥ずかしい。

교사라는 사람이 그런 것도 모르다니 부끄럽다.

문제

73 <u>菊</u>の花で作られた人形を見に行った。

1 すぎ
2 さくら
3 きく
4 まつ

74 そのような行為は、試合では＿＿＿＿ならない。

1 営まなければ
2 歩まなければ
3 慎まなければ
4 弾まなければ

75 今さら後悔した＿＿＿＿、もう遅い。

1 ところに
2 ところで
3 ところが
4 ところを

정답

73 **3** 菊の花で作られた人形を見に行った。

국화 꽃으로 만들어진 인형을 보러 갔다.

菊	**キク**:菊 국화
杉	**すぎ**:杉 삼나무
桜	**さくら**:桜 벚꽃 / 벚나무
松	**まつ**:松 소나무

문자

74 **3** そのような行為は、試合では**慎まなければ**ならない。

그와 같은 행위는 시합에서는 삼가지 않으면 안된다.

慎む	(つつしむ)	삼가다
営む	(いとなむ)	경영하다
歩む	(あゆむ)	걷다
弾む	(はずむ)	튀다

어휘

75 **2** 今さら後悔した**ところで**、もう遅い。

지금에 와서 후회한다고 해도 이미 늦다.

Vたところで (=Vても（仕方がない）)(=V 해도 (어쩔 수가 없다))

◆ 賠償金をもらったところで、元の生活に戻れるわけではない。

배상금을 받는다고 해서 원래 생활로 돌아갈 수 있는 것은 아니다.

◆ 友達の宿題を写したところで、勉強しなければ何の役にも立たない。

친구의 숙제를 베껴봤자 공부하지 않으면 아무 소용도 없다.

문법

60

문제   **6 일째** **제1주**

76 <u>天皇</u>皇后両陛下は、宮内庁主催の晩餐会に出席された。

1 てんおう
2 てんこう
3 てんごう
4 てんのう

문자

26 ☐☐☐

77 ＿＿＿＿悪そうな少年たちが、コンビニの前でタバコを吸っている。

1 いかに
2 いかにも
3 どうにか
4 どうやら

어휘

26 ☐☐☐

78 あの人がうそをついていた＿＿＿＿、いまだに信じられません。

1 さえ
2 こそ
3 とは
4 もの

문법

26 ☐☐☐

정답

76 **4** **天皇**皇后両**陛**下は、宮内庁**主催**の晩餐会に出席された。
   천황 황후 양 폐하는 궁내청 주최의 만찬회에 출석하셨다.

문자

皇	**オウ**：法皇 교황　＊天皇 천황　**コウ**：皇居 황거・皇室 황실
后	**コウ**：皇后 황후
陛	**ヘイ**：陛下 폐하
催	**サイ**：催促 재촉・開催する 개최하다・主催する 주최하다
	もよお (-す)：催す 개최・催し 행사

---

77 **2** **いかにも**悪そうな少年たちが、コンビニの前でタバコを吸っている。
   정말로 나쁜 듯한 소년들이 편의점 앞에서 담배를 피우고 있다.

어휘

いかにも	①자못 ②아무래도
いかに	（＝①どのように　②どんなに）（＝①어떻게 ②아무리）
どうにか	어떻게든
どうやら	（＝①なんだか　②どうにか）（＝①왠지 ②간신히）

---

78 **3** あの人がうそをついていた**とは**、いまだに信じられません。
   저 사람이 거짓말을 했다니, 지금도 믿을 수 없습니다.

문법

～とは （＝～なんて）　＊놀라움을 나타내다

◆あれほど熱心だった人が辞めてしまう**とは**、何か事情があるのだろう。
그토록 열심이었던 사람이 그만 두다니 무슨 사정이 있을 것이다.

◆日本語の勉強が、こんなにおもしろかった**とは**（思わなかった）。
일본어 공부가 이렇게 재미있을 줄은 （몰랐다）.

문제

6일째 제**1**주

79 この幼稚園ではウサギを飼っています。

1 つって
2 かって
3 やしなって
4 そだって

문자

27 □□□

80 孤独に_____には、どうすればいいでしょうか。

1 勝る
2 耐える
3 攻める
4 紛れる

어휘

27 □□□

81 旅行_____、こんな大きいバッグを持って通勤なんてできません。

1 からある
2 といえども
3 にしては
4 じゃあるまいし

문법

27 □□□

정답

79. **2** この<ruby>幼稚園<rt>ようちえん</rt></ruby>ではウサギを<u>飼って</u>います。

이 유치원에서는 토끼를 사육하고 있습니다.

稚	チ : 幼稚な 유치한・幼稚園 유치원
飼	か (-う) : 飼う 키우다
釣	つ (-る) : 釣る 낚다・釣り 낚시・お釣り 거스름돈
養	ヨウ : 栄養 영양・休養する 휴양하다・教養 교양・養成する 양성하다・扶養する 부양하다

やしな (-う) : 養う 기르다

80. **2** <ruby>孤独<rt>こどく</rt></ruby>に<u>耐える</u>には、どうすればいいでしょうか。

고독을 참는 데에는 어떻게 하면 될까요?

耐える	(たえる)	참다
勝る	(まさる)	이기다
攻める	(せめる)	공격하다 *責める 추궁하다
紛れる	(まぎれる)	◆人ごみに紛れる 인파에 섞여 분간 못하게 되다
		◆気が紛れる 시름을 잊다

81. **4** <ruby>旅行<rt>りょこう</rt></ruby>**じゃあるまいし**、こんな<ruby>大<rt>おお</rt></ruby>きいバッグを<ruby>持<rt>も</rt></ruby>って<ruby>通勤<rt>つうきん</rt></ruby>なんてできません。

여행도 아니고 이렇게 큰 가방을 가지고 통근은 할 수 없습니다.

Nではあるまいし / **Nじゃあるまいし** (=Nじゃないんだから)
(=N 도 아니고)

◆<u>子供ではあるまいし</u>、いい加減機嫌を直してほしい。
어린애도 아닌데 적당히 기분을 풀었으면 좋겠다.

◆<u>お相撲さんじゃあるまいし</u>、こんなにたくさん食べられません。
스모선수도 아닌데 이렇게 많이 먹을 수 없습니다.

문제

82 玄関や廊下、化粧室には暖房がないので寒い。

1 なんぽう
2 なんぼう
3 だんぽう
4 だんぼう

83 彼らの離婚は、＿＿＿＿＿＿の違いが原因だそうだ。

1 慣れ
2 しつけ
3 育ち
4 生まれつき

84 ここから中へは、大統領＿＿＿＿＿＿IDカードを提示せずには入れません。

1 というもの
2 といえども
3 ときたら
4 と思いきや

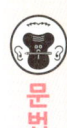

정답

82 **4** <u>玄関</u>や<u>廊下</u>、<u>化粧室</u>には<u>暖房</u>がないので<u>寒</u>い。

현관이나 복도, 화장실에는 난방이 없어서 춥다.

玄	ゲン：玄関 현관
廊	ロウ：廊下 복도
粧	ショウ：化粧 화장・化粧室 화장실・化粧水 화장수
房	ボウ：暖房 난방・冷房 냉방・文房具 문방구・女房 부인

---

83 **3** 彼らの離婚は、<u>育ち</u>の違いが原因だそうだ。

그들의 이혼은 성장 환경의 차이가 원인이라고 한다.

育ち	(そだち) 성장(환경)
慣れ	(なれ) 습관
しつけ	예의범절 ＊しつける 가르치다
生まれつき	(うまれつき) 태생적

---

84 **2** ここから中へは、<u>大統領といえども</u> ID カードを提示せずには入れません。

여기부터 안에는 대통령이라고 해도 ID 카드를 제시하지 않고는 들어가지 못합니다.

~といえども (=~でも) ＊딱딱한 표현

◆彼は<u>中学生といえども</u>、大人に劣らぬ判断力がある。

그는 중학생이라고 해도 어른 못지않은 판단력이 있다.

◆<u>夫婦といえども</u>、互いに言えないことはある。

부부라고 해도 서로 말할 수 없는 것은 있다.

문제

85 「聴解が苦手だったので、<u>翻訳</u>の仕事を選びました。」
とＡ氏は語った。

1　ほんやく
2　はんやく
3　ふんやく
4　へんやく

86 息子は社会人になってから自覚ができて、_____
も変わった。

1　体つき
2　手ぶり
3　顔つき
4　身ぶり

87 知らぬ_____、失礼いたしました。

1　こととて
2　ながら
3　かぎりに
4　ものの

정답

85

1 「聴解が苦手だったので、翻訳の仕事を選びました。」とA氏は語った。

「청해가 서투르기 때문에 번역 일을 골랐습니다.」라고 A 씨는 말했다.

聴	**チョウ**：聴覚 청각・聴診器 청진기・聴講する 청강하다・聴解 청해
訳	**ヤク**：翻訳する 번역하다・通訳する 통역하다・訳 역・訳す 번역하다
	わけ：訳 의미 / 뜻 / 도리 / 원인・申し訳 변명・言い訳 변명・内訳 내역
翻	**ホン**：翻訳 번역
氏	**シ**：～氏 ~ 씨・氏名 이름

문자

86

3 息子は社会人になってから自覚ができて、**顔つき**も変わった。

아들은 사회인이 되고부터 자각이 생겨 표정도 변했다.

顔つき （かおつき）	표정（＝表情）
体つき （からだつき）	체격（＝体格）
手振り （てぶり）	손짓
身振り （みぶり）	몸짓

어휘

87

1 知らぬ**こととて**、失礼いたしました。

OK 知らぬこととは言うものの / 知らぬこととは言いながら

모르는 것이라서 실례했습니다.

～こととて （＝～だから(すみません)） ＊약간 옛날 표현

◆ 初めての**こととて**大目に見てください。

처음이므로 잘 봐주시기 바랍니다.

◆ 子供の言った**こととて**、お許しください。

아이가 말한 것이므로 용서해 주십시오.

문법

문제

88 「冗談のつもりだったけど、気に<u>障ったら</u>ごめん。」彼は素直に謝った。

1　そまったら
2　さわったら
3　かかったら
4　ささったら

89 私は音楽ならなんでも好きで、あらゆる_____のものを聞きます。

1　ケース
2　フォーム
3　コース
4　ジャンル

90 犬を飼い始めて_____、すっかり生活スタイルが変わった。

1　からといって
2　からには
3　からというもの
4　からして

정답

88 **2**「冗談のつもりだったけど、気に<u>障ったら</u>ごめん。」彼は素直に謝った。

「농담으로 했었는데 감정을 상하게 했다면 미안해.」 그는 솔직하게 사과했다.

| 冗 | ジョウ : 冗談 농담
| 障 | ショウ : 故障 고장・障害 장해・障子 미닫이・保障する 보장하다
| | さわ (-る) : 障る 지장이 있다 / 방해가 되다
| 素 | ソ : 要素 요소・素材 소재・元素 원소
| | ス : 素直 솔직・素顔 맨얼굴 ＊素人 아마추어
| 謝 | シャ : 感謝 감사・月謝 월사금(수업료)・謝罪 사죄
| | あやま (-る) : 謝る 사과하다

89 **4** 私は音楽ならなんでも好きで、あらゆる<u>ジャンル</u>のものを聞きます。

나는 음악이라면 뭐든지 좋아해서 모든 장르의 음악을 듣습니다.

| ジャンル | 장르 (＝分野)
| ケース | 경우 (＝場合)
| フォーム | 양식
| コース | 코스

90 **3** 犬を飼い始めて<u>からというもの</u>、すっかり生活スタイルが変わった。

개를 기르기 시작하면서부터 완전히 생활 스타일이 바뀌었다.

Vてからというもの (＝Vて以来 (変わった))(＝V 한 이래 (변했다))

◆デパートが閉鎖されてからというもの、駅前はすっかりさびれてしまった。

백화점이 폐쇄되고 나서부터 역 앞은 완전히 쇠퇴해 버렸다.

(この / ここ) Nというもの (＝Nの間ずっと) ＊N=기간

◆<u>この1ヶ月というもの</u> (＝1ヶ月の間ずっと)

이 1 개월 동안 이래 (=1 개월 동안 계속)

문제

91 この旅館は趣のある庭や建物が自慢だ。
1 かたむき　　　2 おもむき

1 □□□

92 セーターを洗濯したら、縮んでしまった。
1 ちぢんで　　　2 しずんで

2 □□□

93 今の職場は、人間関係が_____、ストレスが多い。
1 わずらわしく　　　2 めざましく

1 □□□

94 中学生の頃、親に_____、家出したことがある。
1 対抗して　　　2 反抗して

2 □□□

95 近いうちにお礼_____、ご挨拶に伺おうと思っています。
1 ついでに　　　2 かたがた

1 □□□

96 田舎の両親のことは、一日_____とも忘れたことはない。
1 たる　　　2 たり

2 □□□

문제

97 作業が進まず、滞っている。→ 58

1 とどこおって　　2 たまって

98 皇居でマラソン大会が行われた。→ 76

1 ごしょ　　2 こうきょ

99 ＿＿＿＿＿を張らないで、素直に謝ったほうがいいよ。→ 32

1 意地　　2 意図

100 予習、復習を＿＿＿＿＿、勉強し続けることが重要だ。→ 23

1 滞らずに　　2 怠らずに

101 妻は図書館で司書として働く＿＿＿＿＿、研究を続けている。→ 6

1 かたわら　　2 がてら

102 彼女は日本文化を愛して＿＿＿＿＿。→ 60

1 やめない　　2 やまない

103 線路に<u>沿って</u>行けば、隣町に着きます。

1 そって　　　2 よって

104 悪口や中傷などの書き込みは<u>削除</u>します。

1 くじょ　　　2 さくじょ

105 審判のおかしな判定のせいで、試合が_____なった。

1 台無しに　　　2 無茶に

106 その政治家の_____ような発言で、国会は大きく混乱した。

1 耳を疑う　　　2 耳を傾ける

107 注意した_____、聞くような人ではない。

1 ところで　　　2 ときたら

108 自分がこういう仕事をするなんて、想像_____しなかった。

1 ごとく　　　2 だに

앞 페이지 정답　97 1　98 2　99 1　100 2　101 1　102 2

문제

109 霧のため、徐行運転をする。

1 きり　　　　2 つゆ

110 お盆と正月に田舎へ帰る。

1 おぶん　　　2 おぼん

111 ＿＿＿＿とは恐ろしいもので、引っ越してきたころ、あんなにうるさかった電車の音が、今では気にならない。

1 育ち　　　　2 慣れ

112 日本の電車の混雑は、＿＿＿＿ならないものか。

1 どうにか　　2 どうやら

113 弟の部屋の散らかりよう＿＿＿＿ない。

1 といったら　　2 いかんでは

114 一人っ子は、甘やかされる＿＿＿＿がある。

1 次第　　　　2 きらい

앞 페이지 정답　103 1　104 2　105 1　106 1　107 1　108 2

115 ここは蚊が多い。

1　はえ　　　　2　か

116 メールにファイルを添付します。

1　ちょうふ　　2　てんぷ

117 彼は＿＿＿＿独身だと思っていたら、結婚していて驚いた。

1　がっくり　　2　てっきり

118 危険物の＿＿＿＿には十分に注意してください。

1　取り締まり　　2　取り扱い

119 彼女は電車に乗り込む＿＿＿＿、座席を確保した。

1　が早いか　　2　が最後

120 ＿＿＿＿ことととて、ご容赦ください。

1　慣れず　　2　慣れぬ

문자

121 <u>為替</u>相場をチェックする。→ 10

1　ためせ　　　2　かわせ

11 □□□

122 ここからの<u>眺め</u>は素晴らしい。→ 1

1　ながめ　　　2　ななめ

12 □□□

어휘

123 仕事、恋愛とも順調なのに、毎日が＿＿＿＿＿感じるのはなぜだろう。→ 41

1　あっけなく　　　2　むなしく

11 □□□

124 我が家の犬は、褒(ほ)めると必ずおやつを＿＿＿＿＿。→ 71

1　ねばる　　　2　ねだる

12 □□□

문법

125 日本へ来て＿＿＿＿＿、国の料理を口にしていない。→ 90

1　からというもの　　　2　からには

11 □□□

앞 페이지 정답　115 2　116 2　117 2　118 2　119 1　120 2

제 2 주

	1~6일째	7일째 (복습)
1회차	/ 30 문제	/ 12 문제
2회차	/ 30 문제	/ 12 문제
3회차	/ 30 문제	/ 12 문제

 문자

- 6일째까지 마친 후 정답 수를 세어 기록합시다.
- 정답 수가 적은 분야가 있으면 다시 한 번 푼 후에 7일째로 나아갑시다.
- 7일째는 복습입니다. 다 마친 후 정답 수를 적고, 학습 효과를 확인합시다.

	1~6일째	7일째 (복습)
1회차	/ 30 문제	/ 12 문제
2회차	/ 30 문제	/ 12 문제
3회차	/ 30 문제	/ 12 문제

 어휘

	1~6일째	7일째 (복습)
1회차	/ 30 문제	/ 11 문제
2회차	/ 30 문제	/ 11 문제
3회차	/ 30 문제	/ 11 문제

 문법

文字

＿＿＿＿＿＿ のことばに対し、漢字をひらがなに直して、正しいものを選択肢から選びなさい。

＿＿＿＿＿＿ 의 단어에 대해 한자를 히라가나로 고치고 바른 것을 선택지에서 고르시오.

어휘

＿＿＿＿＿＿ のところに何を入れたらよいか。いちばん適当なものを選択肢から一つ選びなさい。

＿＿＿＿＿＿ 에 무엇을 넣으면 좋은지 가장 적당한 것을 선택지에서 하나 고르시오.

문법

＿＿＿＿＿＿ のところに何を入れたらよいか。いちばん適当なものを選択肢から一つ選びなさい。

＿＿＿＿＿＿ 에 무엇을 넣으면 좋은지 가장 적당한 것을 선택지에서 하나 고르시오.

문제

126 娘には、ピアノを弾くとき唇をとがらせる妙な<u>癖</u>がある。

1　こせ
2　かせ
3　かべ
4　くせ

127 医者に、手術以外に助かる_____はないと言われた。

1　道
2　方
3　用
4　行い

128 社長_____なん_____、ここではここのルールに従ってもらいます。

1　であれ／であれ
2　であり／であり
3　につけ／につけ
4　につき／につき

정답

126

4 娘には、ピアノを弾くとき唇をとがらせる妙な癖がある。

딸에게는 피아노를 칠 때 입술을 내미는 묘한 버릇이 있다.

문자

|弾| ダン：弾力 탄력・爆弾 폭탄
　　ひ(-く)：弾く 연주하다　はず(-む)：弾む 튀다　たま：弾 총알/탄알
|唇| くちびる：唇 입술
|妙| ミョウ：妙な 묘한・奇妙な 기묘한・微妙な 미묘한・巧妙な 교묘한
|癖| くせ：癖 버릇

127

1 医者に、手術以外に助かる道はないと言われた。

의사에게 수술 이외에 살 길은 없다고 들었다.

어휘

|道| (みち)（=方法、手段）(=방법, 수단)
|用| (よう) 용무（=用事）
|行い| (おこない) 행실

128

1 社長であれなんであれ、ここではここのルールに従ってもらいます。

사장이든 누구든 여기에서는 여기의 룰에 따라주십시오.

문법

N₁であれ N₂であれ　**N₁であろうと N₂であろうと**　（=N₁でもN₂でも何でも）

◆ 男であれ女であれ、無事に生まれてくれればそれでいい。
　남자든 여자든 무사히 태어나면 그것으로 좋다.

◆ 雪であれ嵐であれ、どうしても行かなければならない。
　눈이건 폭풍이건 무슨 일이 있어도 가지 않으면 안된다.

何であれ　**何であろうと**　（=何でも）(=뭐라도)

80

문제

129 節分には、「鬼は外、福は内」と言って<u>豆</u>をまく。

1 うめ
2 まめ
3 もも
4 いも

2 □□□

130 この照明は、どんなインテリアにも_____デザインです。

1 混同する
2 共存する
3 合併する
4 調和する

2 □□□

131 隣に座った人たちの会話を、_____ともなく聞いていた。

1 聞かない
2 聞き
3 聞いた
4 聞く

2 □□□

정답

129 ②　節分には、「鬼は外、福は内」と言って豆をまく。
세츠분 (입춘 전 날)에는 「귀신은 밖, 복은 안」이라고 말하고 콩을 뿌린다.

- 鬼　おに：鬼 귀신
- 芋　いも：芋 감자 / 고구마
- 豆　トウ：豆腐 두부　ズ：大豆 대두　まめ：豆 콩　＊小豆 팥
- 桃　もも：桃 복숭아

130 ④　この照明は、どんなインテリアにも調和するデザインです。
이 조명은 어떤 인테리어에도 조화가 되는 디자인입니다.

- **調和する** (ちょうわする) 조화되다
- **混同する** (こんどうする) 혼동하다
- **共存する** (きょうぞんする) 공존하다
- **合併する** (がっぺいする) 합병하다

131 ④　隣に座った人たちの会話を、聞くともなく聞いていた。
옆에 앉은 사람들의 대화를 무심결에 듣고 있었다.

Vるともなく / Vるともなしに　＊확실한 의미나 목적이 없이 V하다.

◆何を見るともなく、ぼんやり外を眺めていた。
무얼 보는지 모르게 멍하니 밖을 바라보고 있었다.

＊どこからともなく (=어디로부터인지 모르게)

◆どこからともなく、生暖かい風が吹いてきた。
어디선가 뜨뜻미지근한 바람이 불어왔다.

문제

1 일째 제 2 주

132 注射で傷の痛みは治まったが、おなかが痛くなって、胃腸薬を<u>一錠</u>飲んだ。

1 いちじょう
2 ひとつぶ
3 いっぷく
4 いっぽう

문자

3 □□□

133 学生時代は柔道に、現在はゴルフに_____います。

1 追い込んで
2 放り込んで
3 打ち込んで
4 割り込んで

어휘

3 □□□

134 彼らは何度別れても出会ってしまう。これが宿命_____。

1 のきらいがある
2 でなくてなんだろう
3 きわまりない
4 などありはしない

문법

3 □□□

정답

132

1 注射で傷の痛みは治まったが、おなかが痛くなって、胃腸薬を一錠飲んだ。

주사로 상처의 통증은 멎었지만 배가 아파서 위장약을 한 알 먹었다.

|射| **シャ**：注射 주사・発射する 발사하다・反射する 반사하다
い(-る)：射る 쏘다 / 맞히다

|傷| **ショウ**：負傷する 부상하다・中傷する 중상하다
きず：傷 상처・傷つく 다치다・傷つける 상처를 입히다

|腸| **チョウ**：腸 창자・胃腸 위장

|錠| **ジョウ**：手錠 수갑・錠剤 정제 / 알약・一錠、二錠… 한 알, 두 알

133

3 学生時代は柔道に、現在はゴルフに**打ち込ん**でいます。

학생 시절에는 유도에, 현재는 골프에 열중하고 있습니다.

打ち込む (うちこむ)	열중하다
追い込む (おいこむ)	빠뜨리다
放り込む (ほうりこむ)	집어 넣다
割り込む (わりこむ)	끼어 들다

134

2 彼らは何度別れても出会ってしまう。これが宿命**でなくてなんだろう**。

그들은 몇 번이나 헤어져도 만나게 된다. 이것이 숙명이 아니고 무엇일까.

Nでなくてなんだろう (＝N以外のものではない) ＊강조를 나타낸다.

◆寝ても覚めても彼女を思う。これが<u>恋でなくてなんだろう</u>。

자나깨나 그녀를 생각한다. 이게 사랑이 아니고 뭘까?

◆男は何度も彼女にいやらしいメールを送った。これが、<u>セクハラでなくてなんだろう</u>。

남자는 몇 번이나 그녀에게 야한 메일을 보냈다. 이게 성희롱이 아니고 뭘까?

문제

135 今、活躍中の魅力的な女優がうわさの相手について尋ねられ、<u>緊張</u>した様子で答えていた。

1　きんちょう
2　しんちょう
3　じんちょう
4　けんちょう

4 ☐☐☐

136 今できなくても_____構いませんよ。必ずできるようになりますから。

1　一向に
2　一挙に
3　一心に
4　一概に

4 ☐☐☐

137 立地条件_____間取り_____、最高の物件だ。

1　につけ／につけ
2　たり／たり
3　といい／といい
4　なり／なり

4 ☐☐☐

정답

135

1 今、活躍中の魅力的な女優がうわさの相手について尋ねられ、緊張した様子で答えていた。

지금 활약 중인 매력적인 여배우가 소문 중인 상대에 대한 질문을 받고 긴장한 모습으로 대답하고 있었다.

躍	ヤク：活躍する 활약하다
魅	ミ：魅力 매력
尋	たず (-ねる)：尋ねる 찾다
緊	キン：緊張する 긴장하다・緊急 긴급

136

1 今できなくても**一向に**構いませんよ。必ずできるようになりますから。

지금 못해도 전혀 괜찮아요. 반드시 할 수 있게 되니까요.

一向に～ない	(いっこうに～ない) (＝全く～ない)(＝ 전혀 ~ 하지 않다)
一挙に	(いっきょに) 한꺼번에 (＝一気に)
一心に	(いっしんに) 마음을 하나로 집중시켜
一概に～ない	(いちがいに～ない) 무조건 ～하지 않다 / 일괄적으로 ~ 하지 않다

137

3 立地条件といい間取りといい、最高の物件だ。

입지 조건이며 방 배치며 최고의 물건이다.

N₁ といい N₂ といい (＝ N₁、N₂ を取り上げても～)

◆ この生地は色といい柄といい、申し分ない。
이 천은 색깔이며 무늬며 더할 나위 없다.

◆ あのタレントはしゃべり方といい内容といい、品がない。
저 탤런트는 말하는 법도 내용도 품위가 없다.

문제

1 일째 **제 2 주**

138 優先席はお年寄りや体の不自由な人に譲り、携帯電話の電源を切る。それ以外の場所でも通話は<u>遠慮</u>すること。

1　えんじょ
2　はいりょ
3　こうじょ
4　えんりょ

문자

5 □□□

139 この商品は非常に_____ので、取り扱いに注意してください。

1　しぶい
2　もろい
3　だるい
4　にぶい

어휘

5 □□□

140 国中からバッシングされるに_____、彼は事の重大さを認識していない。

1　わたっても
2　あたっても
3　したっても
4　いたっても

문법

5 □□□

정답

138 **4** 優先席はお年寄りや体の不自由な人に譲り、携帯電話の電源を切る。それ以外の場所でも通話は**遠慮**すること。

우선석은 노인이나 몸이 불편한 사람에게 양보하고 휴대전화의 전원을 끊는다. 그 외의 장소에서도 통화는 삼가할 것.

譲	ジョウ：譲歩する 양보하다　**ゆず(-る)**：譲る 양도하다 / 물려주다
携	ケイ：携帯する 휴대하다
	たずさ(-わる/-える)：携わる 관계하다・携える 휴대하다
源	ゲン：資源 자원・起源 기원・電源 전원　**みなもと**：源 수원 / 근원
慮	リョ：遠慮する 사양하다・考慮する 고려하다・配慮する 배려하다

139 **2** この商品は非常に**もろい**ので、取り扱いに注意してください。

이 상품은 매우 약하니까 취급에 주의해 주십시오.

もろい	약하다
渋い	(しぶい) ◆**渋いお茶** 떫은 차
	◆**渋い色** 차분한 색
だるい	나른하다
鈍い	(にぶい) 둔하다　◆**鈍い痛み** 둔한 아픔
	◆**運動神経が鈍い** 운동 신경이 둔하다

140 **4** 国中からバッシングされるに**至っても**、彼は事の重大さを認識していない。

전국으로부터 비난을 받음에 이르렀어도 그는 일의 중대함을 인식하지 못한다.

| **〜に至る** | **〜に至るまで** | **〜に至って(は/も)** |

① 범위(까지)　② 그 단계・경우에

◆生まれてから現在**に至るまで**、この町を出たことがない。
　태어나서 지금까지 이 동네를 나간 적이 없다.

◆事態がここ**に至っては**修復のしようがない。
　사태가 여기에 이르러서는 복구할 길이 없다.

문제

2 일째 | **제 2 주**

141 今朝は、慣れない満員電車で扉に挟まれたり、足を<u>踏まれたり</u>、大変でした。

1 はばまれたり
2 たたまれたり
3 ふまれたり
4 くやまれたり

문자

6 ☐☐☐

142 気に入っていただけて、＿＿＿＿＿です。

1 何より
2 何なり
3 何だか
4 何とぞ

어휘

6 ☐☐☐

143 あれだけ優秀な彼＿＿＿＿＿落ちるのだから、いかにその試験の難しいことか。

1 なりに
2 とあって
3 にして
4 のこととて

문법

6 ☐☐☐

정답

141 **3** 今朝は、慣れない満員電車で扉に挟まれたり、足を**踏まれたり**、大変でした。

오늘 아침은 익숙하지 않은 만원 전철에서 문에 끼거나 발을 밟히거나해서 아주 힘들었습니다.

| 扉 | とびら : 扉 문짝
| 踏 | トウ : 舞踏会 무도회　ふ (-む/-まえる) : 踏む 밟다・踏み切り 철길 건널목・踏み込む 깊이 파고들다・踏まえる 밟다
| 阻 | ソ : 阻止する 저지하다　はば (-む) : 阻む 막다
| 悔 | カイ : 後悔する 후회하다　く (-やむ) : 悔やむ 후회하다
　　くや (-しい) : 悔しい 분하다

142 **1** 気に入っていただけて、**何より**です。

마음에 드셨다니 기쁩니다.

| **何より** | (なにより) 무엇보다도 / 최상의 / 가장

　◆**何より**のプレゼントをありがとうございます。
　　무엇보다 좋은 선물 감사합니다.

| **何なりと** | (なんなりと) 무엇이든지 (=どんなことでも)
| **何とぞ** | (なにとぞ) ◆**何とぞ**よろしくお願いします。
　　부디 잘 부탁합니다.

143 **3** あれだけ優秀な彼**にして**落ちるのだから、いかにその試験の難しいことか。

저렇게 우수한 그라도 떨어질 정도니 얼마나 그 시험이 어려운 것인가.

| **Nにして** | (=Nの段階やそのレベルで)(= N의 단계나 그 레벨에서)

◆今**にして**思えば、あの時の苦労など大したことはなかった。
　지금에 와서 생각하면 그 때의 고생은 대수롭지 않았다.

◆この年**にして**初めて親のありがたみがわかった。
　이 나이에 비로소 부모의 고마움을 알았다.

문제

144 『冠婚葬祭の基礎知識』という本で墓参りの作法について勉強した。

1 ほか
2 ぼち
3 はか
4 きち

7 □□□

145 その店は、客を取り戻すために＿＿＿＿値下げをした。

1 陰気な
2 大まかな
3 大胆な
4 臆病な
　おくびょう

7 □□□

146 彼は、来るな＿＿＿＿背を向けた。

1 とばかりに
2 と思いきや
3 といえども
4 ともなしに

7 □□□

정답

144 **3** 『冠婚葬祭の基礎知識』という本で墓参りの作法について勉強した。

「관혼상제의 기초 지식」이라는 책으로 성묘의 예법에 대해 공부했다.

冠	**カン**：冠婚葬祭 관혼상제・王冠 왕관・冠詞 관사　**かんむり**：冠 관
葬	**ソウ**：葬式 장례식　**ほうむ (-る)**：葬る 매장하다
礎	**ソ**：基礎 기초
墓	**ボ**：墓地 묘지　**はか**：墓 무덤・墓参り 성묘

---

145 **3** その店は、客を取り戻すために**大胆な**値下げをした。

그 가게는 손님을 회복하기 위해 대담한 가격 인하를 했다.

大胆な	(だいたんな)	대담한 (= 思い切った)
陰気な	(いんきな)	음침한 (= うっとうしい)
大まかな	(おおまかな)	대강
臆病な	(おくびょうな)	겁많은

---

146 **1** 彼は、来るな**とばかりに**背を向けた。

그는 오지마라는 듯이 등을 돌렸다.

| **~とばかりに** | **~と言わんばかりに** | (= ~라는 듯이) |

◆ 私がテレビをつけたら、兄は**うるさいとばかりに**部屋を出て行った。

　내가 텔레비전을 켜자 형은 시끄럽다는 듯이 방을 나갔다.

◆ 父親は息子の決意に**反対だと言わんばかりに**首を横にふった。

　아버지는 아들의 결의에 반대한다는 듯이 고개를 저었다.

문제

147 素敵なヴァイオリニストの素晴らしい演奏に<u>拍手</u>が鳴り止まなかった。

1 はくしゅ
2 あくしゅ
3 ぱくしゅ
4 ひょうしゅ

148 子供たちの_____成長を願っています。

1 すこやかな
2 しとやかな
3 ゆるやかな
4 あざやかな

149 一歳にして筆を持ったというこの子は、生まれ_____の書道家なのだろう。

1 がてら
2 っぱなし
3 ながら
4 つつ

정답

147

1 素敵なヴァイオリニストの素晴らしい演奏に拍手が鳴り止まなかった。

멋진 바이올리니스트의 훌륭한 연주에 박수가 그치지 않았다.

敵	テキ: 敵 적・素敵な 멋진
奏	ソウ: 演奏する 연주하다・吹奏楽 취주악
拍	ハク: 拍手する 박수를 치다 ヒョウ: 拍子 박자
握	アク: 握手する 악수하다・把握する 파악하다 にぎ(-る): 握る 쥐다

148

1 子供たちの**健やかな**成長を願っています。

아이들의 건강한 성장을 바라고 있습니다.

健やかな	(すこやかな) 건강한 (＝健康な／健全な)
しとやかな	얌전한
緩やかな	(ゆるやかな) ◆緩やかな坂 완만한 비탈길 ◆緩やかな規則 엄격하지 않은 규칙
鮮やかな	(あざやかな) 선명한

149

3 一歳にして筆を持ったというこの子は、生まれ**ながら**の書道家なのだろう。

1살에 붓을 들었다는 이 아이는 타고난 서예가인가 보다.

V/N ながら(に／の) **Vながらにして** ＊Vま<del>す</del>ながら (＝~인 상태에서)

◆婦人は生活の窮状を、涙ながらに訴えた。
부인은 생활의 궁상을 눈물을 흘리며 호소했다.

◆その僧は生きながらにして埋葬されてミイラになったと言われています。
그 승려는 살아 있는 채로 매장되어 미라가 되었다고 합니다.

문제

2 일째 **제 2 주**

150 栄養の偏りをなくし、十分な睡眠をとって、<u>潤い</u>のある生活をしましょう。

1 いきおい
2 いこい
3 うるおい
4 うれい

문자

151 面接で＿＿＿＿しないように、十分な準備をしましょう。

1 ぼつぼつ
2 まるまる
3 わざわざ
4 おどおど

어휘

152 国民の信頼＿＿＿＿、政権は維持できない。

1 なくしては
2 をとわず
3 をもとにして
4 からこそ

문법

정답

150 **3** 栄養の偏りをなくし、十分な睡眠をとって、潤いのある生活をしましょう。

영양의 편중을 없애고 충분한 수면을 취하고 정서적인 생활을 합시다.

偏	ヘン：偏見 편견・偏差値 편차치
	かたよ (-る)：偏る 치우치다・偏り 치우침
睡	スイ：睡眠 수면
潤	ジュン：利潤 이윤
	うるお (-う/-す)：潤う 윤택해지다・潤い 습기・潤す 윤택하게 하다
憂	ユウ：憂鬱な 우울한　うれ (-い)：憂い 근심　うれ (-える)：憂える 근심하다

---

151 **4** 面接で**おどおど**しないように、十分な準備をしましょう。

면접에서 벌벌 떨지 않도록 충분히 준비합시다.

おどおどする	벌벌 떨다
ぼつぼつ	슬슬 (＝そろそろ)
	◆ **ぼつぼつ**帰ろうか。슬슬 돌아갈까?
丸々	◆ **丸々**太った赤ちゃん 토실토실 살찐 아기

---

152 **1** 国民の信頼**なくしては**、政権は維持できない。

국민의 신뢰없이는 정권은 유지 할 수 없다.

Nなくしては **Nなしには**　(＝N이 없었다면)

◆ あの日々の苦しみ**なくしては**、今の私はない。

그날들의 고통없이는 지금의 나는 없다.

◆ 住民の協力**なしには**、イベントの成功はあり得ない。

주민의 협력없이는 이벤트의 성공은 있을 수 없다.

문제

153 十分な睡眠は成長ホルモンの分泌を<u>促す</u>。

1 かくす
2 かもす
3 もたらす
4 うながす

9 □□□

154 彼は＿＿＿＿のある学生だから、社会に出ても成功するだろう。

1 見通し
2 見晴らし
3 見込み
4 見積もり

9 □□□

155 この非常時＿＿＿＿、仲間割れしている場合ではない。

1 ながらに
2 とばかりに
3 にあって
4 であろうと

9 □□□

정답

153 **4** 十分な睡眠は成長ホルモンの分泌を促す。

충분한 수면은 성장 호르몬 분비를 촉진한다.

| 泌 | ヒ：泌尿器科 비뇨기과
| | ヒツ：分泌 분비　＊「分泌」는「ぶんぴ」라고도 읽는다
| 促 | ソク：催促 재촉・促進する 촉진하다　うなが(-す)：促す 촉구하다
| 隠 | イン：隠居する 은거하다　かく(-れる/-す)：隠れる 숨다・隠す 숨기다
| 醸 | ジョウ：醸造酒 양조주　かも(-す)：醸し出す 빚어내다

---

154 **3** 彼は見込みのある学生だから、社会に出ても成功するだろう。

그는 전망이 있는 학생이니까 사회에 나가도 성공할 것이다.

| 見込み | (みこみ) 가망성 / 전망
| 見通し | (みとおし) ◆見通しのいい交差点 전망이 좋은 교차로
| | ◆見通しがつく 전망이 서다
| 見晴らし | (みはらし) 조망
| 見積もり | (みつもり) 견적

---

155 **3** この非常時にあって、仲間割れしている場合ではない。

이 비상시에 서로 분열되어 있어서는 안된다.

Nにあって　(＝Nの状況で)(＝ N의 상황에서)

◆食糧危機がささやかれる時代にあっては、自給自足にも関心が及ぶ。
식량위기가 우려되는 시대에는 자급자족에도 관심이 미친다.

◆彼らは、苦境にあっても希望を失わなかった。
그들은 고난과 역경이 있어도 희망을 잃지 않았다.

문제

156 A「頑張っても無駄だよ。」
B「大丈夫だよ、<u>挑戦</u>してみようよ。」

1 ちょうせん
2 とうせん
3 ちゅうせん
4 さんせん

157 勉強が一番_____時間帯は、個人によって違う。

1 はかどる
2 ありふれる
3 すたれる
4 にぎわう

158 花見シーズン_____、この辺はにぎやかになりますよ。

1 ともなしに
2 ともなると
3 というもの
4 といえども

정답

156

1 A「頑張っても無駄だよ。」
B「大丈夫だよ、挑戦してみようよ。」

A「애써도 안 될 꺼야.」 B「괜찮아, 도전해보자.」

| 頑 | ガン：頑張る 노력하다・頑固な 완고한・頑丈な 튼튼한
| 駄 | ダ：駄目な 안되는・無駄な 쓸데없는・無駄遣い 낭비・駄作 졸작
| 丈 | ジョウ：丈夫 건강함・大丈夫 괜찮음
        たけ：丈 키
| 挑 | チョウ：挑戦する 도전하다   いど(-む)：挑む 도전하다

157

1 勉強が一番**はかどる**時間帯は、個人によって違う。

공부가 가장 잘 되는 시간대는 개인에 따라 다르다.

はかどる	잘 되다 / 순조롭게 되어 가다
ありふれる	흔하다
廃れる	(すたれる) 쇠퇴하다 ⇔ 流行る 유행하다
にぎわう	번화하다

158

2 花見シーズン**ともなると**、この辺はにぎやかになりますよ。

꽃구경 계절이 되면 이 부근은 붐비게 됩니다.

~ともなると **~ともなれば** (=~になると)(=~이 되면)

◆ <u>5人の子供の母親**ともなると**</u>、いちいち小さいことにこだわっている余裕はない。

다섯 아이의 엄마가 되면 일일이 작은 일에 매달릴 여유가 없다.

◆ <u>年収1億を稼ぐ**ともなれば**</u>、乗っている車も違うものだ。

연봉 1억을 벌게 되면 타고 다니는 차도 다르다.

문제

159 <u>弊社</u>の今期の売上高及び営業利益は過去最高となりました。

1 わがしゃ
2 とうしゃ
3 へいしゃ
4 おんしゃ

160 _____態度は、誤解を招くからやめましょう。

1 あやふやな
2 きちょうめんな
3 かすかな
4 すみやかな

161 こちらにも非が_____でもなかったが、どう考えても先方に責任があった。

1 あるもの
2 あること
3 ないもの
4 ないこと

정답

159 **3** <u>弊社</u>の今期の売上高<u>及び</u>営業利<u>益</u>は過去最高となりました。

폐사의 이번 분기의 매상고 및 영업 이익은 과거 최고가 되었습니다.

弊	**ヘイ** : 弊社 폐사
及	**キュウ** : 追及する 추궁하다 · 普及する 보급하다
	およ(-ぶ) : 及ぶ 미치다 **およ(-び)** : 及び 및
	およ(-ぼす) : 及ぼす 끼치다
益	**エキ** : 利益 이익 · 収益 수익 · 有益な 유익한
我	**ガ** : 我慢する 참다 **われ** : 我 나 · 我々 우리
	わ : 我が家 우리 집 · 我が国 우리나라

160 **1** <u>あやふやな</u>態度は、誤解を招くからやめましょう。

애매한 태도는 오해를 불러 일으키니 그만둡시다.

あやふやな	애매한 (= あいまいな)
几帳面な	(きちょうめんな) 꼼꼼한
かすかな	희미한
速やかな	(すみやかな) 빠른

161 **3** こちらにも非が<u>ないもの</u>でもなかったが、どう考えても先方に責任があった。

이쪽에도 잘못이 없는 것은 아니었지만 아무리 생각해도 상대방에 책임이 있었다.

| **Vない(もの)でもない** (=Vないこともない／Vなくもない) |

◆ 条件によっては引き受け<u>ないものでもない</u>。

조건에 따라서는 안 맡을 수도 없다.

◆ 担当者の返事は<u>わからないでもなかった</u>が、何かすっきりしなかった。

담당자의 답변은 이해 못하는 것은 아니었지만 뭔가 개운치 않았다.

162 神社で、矢を的に射て新年の<u>吉凶</u>を占う儀式が厳かに行われた。

1 きっく
2 きっきょう
3 きっしょう
4 きっこう

13 □□□

163 毎年、梅雨になる前に、庭の草を＿＿＿＿ようにしている。

1 つまむ
2 むしる
3 つねる
4 めくる

13 □□□

164 こんな雑誌は、お金を出して買う＿＿＿＿ものではない。

1 に足る
2 に足りない
3 に足す
4 に足さない

13 □□□

정답

162 2 神社で、矢を的に射て新年の吉凶を占う儀式が厳かに行われた。
신사에서 화살을 과녁에 쏘아 신년의 길흉을 점치는 의식이 엄숙하게 행해졌다.

矢 ヤ：矢 화살・矢印 화살표
吉 キチ：吉日 길일・大吉 대길
　　キツ：不吉な 불길한
凶 キョウ：凶作 흉작・吉凶 길흉
儀 ギ：儀式 의식・礼儀 예의・行儀 예의범절・お辞儀 인사 / 절

---

163 2 毎年、梅雨になる前に、庭の草を**むしる**ようにしている。
매년 장마가 되기 전에 마당의 풀을 뽑도록 하고 있다.

むしる	뽑다　＊草むしり 풀 뽑기
つまむ	◆鼻を**つまむ** 코를 손가락으로 잡다
	◆お菓子を**つまむ** 과자를 집어 먹다
つねる	꼬집다
めくる	◆カレンダーを**めくる** 달력을 넘기다
	◆ふとんを**めくる** 이불을 젖히다

---

164 1 こんな雑誌は、お金を出して買う**に足る**ものではない。
이런 잡지는 돈을 내서 살 가치가 있는 것이 아니다.

Vるに足る　＊그 가치가 있다, 마땅하다

◆国民は信頼する**に足る**政治家を求めている。
국민은 신뢰할 만한 정치인을 찾고 있다.

Vるに足りない

◆取る**に足りない**意見 하찮은 의견 （＝取り上げる価値のない）

◆それは、恐れる**に足りない**。（＝恐れる必要がない）
그것은 두려워할 것이 못 된다.

～に足す
言わない！

문제

165 この雑誌には、人事・<u>組織</u>・企業の情報が掲載されている。

1 そうしき
2 そしき
3 くみおり
4 くみあい

166 大企業に就職できれば一生安心というのは、_____過去の話である。

1 あえて
2 やたら
3 しいて
4 もはや

167 歌舞伎は、日本_____の伝統芸能です。

1 たりとも
2 ごとき
3 ならでは
4 ながら

정답

165 **2** この雑誌には、人事・組織・企業の情報が掲載されている。

이 잡지에는 인사·조직·기업의 정보가 게재되어 있다.

織	シキ：組織 조직　お(-る)：織る 짜다・織物 직물
企	キ：企業 기업・企画する 기획하다
掲	ケイ：掲示する 게시하다・掲載する 게재하다
	かか(-げる)：掲げる 내걸다
載	サイ：記載 기재　の(-る/-せる)：載る 실리다・載せる 싣다

---

166 **4** 大企業に就職できれば一生安心というのは、<u>もはや</u>過去の話である。

대기업에 취직할 수 있으면 평생 안심이라는 것은 이제 과거의 이야기이다.

もはや	이제
あえて	(=(しなくてもいいことを) わざわざ、無理に)
	(=(하지 않아도 될 일을) 일부러, 무리하게)
やたら	함부로
強いて	(しいて) ◆強いて言えば 굳이 말하자면

---

167 **3** 歌舞伎は、日本ならではの伝統芸能です。

가부키는 일본 특유의 전통예능입니다.

Nならでは(の) (＝특유의 / N만의) ＊N을 강조

◆ 双子<u>ならでは</u>の息のあった演技だった。
쌍둥이 특유의 호흡이 잘 맞는 연기였다.

◆ この土地<u>ならでは</u>のお土産を買いたい。
이 고장 특유의 기념품을 사고 싶다.

문제

168 「<u>喪中</u>のため新年の挨拶を失礼する」というのは、年内に身内が亡くなったので年賀状を出さないということだ。

1 むちゅう
2 ぼちゅう
3 きちゅう
4 もちゅう

169 彼は私の心の_____になってくれる、大切な友人です。

1 催し
2 支え
3 効き目
4 償い

170 誰でも若いときには年寄りの気持ちがわからないものだ。怒るには_____。

1 いたらない
2 あたらない
3 きたらない
4 かたらない

정답

168 **4** 「<ruby>喪中<rt>もちゅう</rt></ruby>のため<ruby>新年<rt>しんねん</rt></ruby>の<ruby>挨拶<rt>あいさつ</rt></ruby>を<ruby>失礼<rt>しつれい</rt></ruby>する」というのは、<ruby>年内<rt>ねんない</rt></ruby>に<ruby>身内<rt>みうち</rt></ruby>が<ruby>亡<rt>な</rt></ruby>くなったので<ruby>年賀状<rt>ねんがじょう</rt></ruby>を<ruby>出<rt>だ</rt></ruby>さないということだ。

「상중이기 때문에 신년 인사를 실례한다」는 것은 연내에 가족이 돌아가셨기 때문에 연하장을 보내지 않는다는 것이다.

喪	**ソウ** : 喪失 상실 **も** : 喪服 상복・喪中 상중
挨	**アイ** : 挨拶 인사
拶	**サツ** : 挨拶 인사
賀	**ガ** : 年賀状 연하장・祝賀会 축하회

---

169 **2** <ruby>彼<rt>かれ</rt></ruby>は<ruby>私<rt>わたし</rt></ruby>の<ruby>心<rt>こころ</rt></ruby>の<ruby>支<rt>ささ</rt></ruby>えになってくれる、<ruby>大切<rt>たいせつ</rt></ruby>な<ruby>友人<rt>ゆうじん</rt></ruby>です。

그는 나의 마음을 받쳐 주는 소중한 친구입니다.

支え	(ささえ)	받침 ＊支える 지지하다
催し	(もよおし)	행사
効き目	(ききめ)	효과
償い	(つぐない)	보상 ＊償う 갚다 / 보상하다

---

170 **2** <ruby>誰<rt>だれ</rt></ruby>でも<ruby>若<rt>わか</rt></ruby>いときには<ruby>年寄<rt>としよ</rt></ruby>りの<ruby>気持<rt>きも</rt></ruby>ちがわからないものだ。<ruby>怒<rt>おこ</rt></ruby>るには<ruby>当<rt>あ</rt></ruby>たらない。

누구라도 젊었을 때는 노인의 기분을 모른다. 화낼 것까지는 없다.

Vるに(は)当たらない （＝Vㆍ하는 것은 적당하지 않다）

◆<ruby>人<rt>ひと</rt></ruby>のやり<ruby>方<rt>かた</rt></ruby>が<ruby>自分<rt>じぶん</rt></ruby>と<ruby>違<rt>ちが</rt></ruby>うからといって、<ruby>非難<rt>ひなん</rt></ruby>するには<ruby>当<rt>あ</rt></ruby>たらない。
다른 사람의 방식이 자신과 다르다고 해서 비난할 것까지는 없다.

◆このくらいのダンサーはいくらでもいる。<ruby>驚<rt>おどろ</rt></ruby>くには<ruby>当<rt>あ</rt></ruby>たらない。
이 정도 댄서는 얼마든지 있다. 놀랄 것까지는 없다.

171 昆虫図鑑で蛍の生態について調べてみた。

1 とんぼ
2 せみ
3 かまきり
4 ほたる

172 金庫は＿＿＿＿＿＿＿よう、奥の部屋に置いてあります。

1 人目につかない
2 人気がない
3 人目を気にしない
4 人気を感じない

173 誤って友人のカメラを壊してしまった。弁償＿＿＿＿＿＿＿すまないだろう。

1 かかわる
2 ともなると
3 とはいえ
4 しないでは

정답

171. **4** 昆虫図鑑で蛍の生態について調べてみた。
곤충도감에서 반딧불의 생태에 대해 조사해 보았다.

昆	コン：昆虫 곤충・昆布 다시마
鑑	カン：鑑賞する 감상하다・図鑑 도감・年鑑 연감・印鑑 인감
蛍	ケイ：蛍光灯 형광등　ほたる：蛍 개똥벌레 / 반딧불이
態	タイ：態度 태도・状態 상태・実態 실태・生態 생태・態勢 태세

172. **1** 金庫は<u>人目につかない</u>よう、奥の部屋に置いてあります。
금고는 다른 사람 눈에 띄지 않도록 안쪽 방에 놓여 있습니다.

人目 (ひとめ) ◆人目につく 다른 사람 눈에 띄다.
　　　　　　　◆人目を気にする 다른 사람 눈을 신경쓰다

人気 (ひとけ) ◆人気がない 인기척이 없다

173. **4** 誤って友人のカメラを壊してしまった。**弁償しないでは**すまないだろう。
실수하여 친구의 카메라를 고장내 버렸다. 변상하지 않고는 끝나지 않을 것이다.

Vないではすまない / Vずにはすまない

(= V 않고는 끝낼 수 없다)

◆この企画が失敗したら、部長は辞職せずにはすまないだろう。
　이 기획이 실패하면 부장은 사직하지 않고는 끝나지 않을 것이다.

◆叔母は一言言わずにはすまない性格だ。
　숙모는 한 마디 하지 않고는 끝나지 않는 성격이다.

문제

4일째 제2주

174 機内への<u>刃物</u>の持ち込みは禁止されています。

1 はもの
2 ゆみや
3 かたな
4 つるぎ

문자

17 □□□

175 最近、パソコンに熱中して、家事が_____なっている。

1 なめらかに
2 なごやかに
3 おろそかに
4 きよらかに

어휘

17 □□□

176 彼女の並外れた美しい容姿は、すれ違う人々を振り返らせずには_____。

1 おかない
2 おきない
3 おけない
4 おこない

문법

17 □□□

정답

174

1 機内への**刃物**の持ち込みは禁止されています。

기내에 칼 반입은 금지되어 있습니다.

刃	は : 刃 칼날 · 刃物 칼
弓	ゆみ : 弓 활 · 弓矢 궁시
刀	かたな : 刀 검/칼
剣	ケン : 真剣な 진지한 · 剣道 검도　**つるぎ** : 剣 검

175

3 最近、パソコンに熱中して、家事が**おろそかに**なっている。

최근 컴퓨터에 열중해서 집안일을 소홀히 하고 있다.

おろそかな	소홀한
滑らかな	(なめらかな) 부드러운
和やかな	(なごやかな) 온화한
清らかな	(きよらかな) 깨끗한

176

1 彼女の並外れた美しい容姿は、すれ違う人々を振り返らせずにはおかない。

그녀의 빼어난 아름다운 자태는 스쳐지나는 사람들을 뒤돌아보지 않을 수 없게 했다.

V ずにはおかない (=자연스럽게 V 해 버리다)

◆ その壮大な景観は、訪れる人々を感動させずにはおかないだろう。

그 웅장한 경관은 방문하는 사람들을 감동시키지 않을 수 없을 것이다.

◆ 今日の退屈な講演は、聴衆の眠気を誘わずにはおかなかった。

오늘의 지루한 강연은 청중의 졸음을 자아내지 않을 수 없었다.

문제

4 일째 제2주

177 浄水器を付属のアダプターで蛇口に取り付ければ、水の<u>濁り</u>がとれます。

1 ぬめり
2 よごり
3 にごり
4 のめり

18 ☐☐☐

178 Aさんと仲直りしようと思い、B君に相談したら、余計に＿＿＿＿しまった。

1 こじれて
2 こだわって
3 こりて
4 こころみて

18 ☐☐☐

179 今回だめだったら、また挑戦する＿＿＿＿だ。

1 から
2 まで
3 だに
4 とは

18 ☐☐☐

정답

177 **3** 浄水器を付属のアダプターで蛇口に取り付ければ、水の**濁り**がとれます。

부속 어댑터로 정수기를 수도꼭지에 설치하면 물의 탁함이 없어집니다.

浄	ジョウ : 浄水器 정수기・洗浄する 세정하다
属	ゾク : 金属 금속・属する 속하다・付属 부속・所属する 소속하다
蛇	ジャ : 蛇口 수도꼭지 へび : 蛇 뱀
濁	ダク : 清濁 청탁

にご (-る/-す) : 濁る 탁하게 되다・濁り 탁함・濁す 흐리게 하다

178 **1** Aさんと仲直りしようと思い、B君に相談したら、余計に**こじれてしまった**。

A 씨와 화해하려고 생각하고 B 군에게 상담했더니 더욱 뒤틀려졌다.

こじれる
 ◆ 関係が**こじれる** 관계가 뒤틀리다
 ◆ 風邪が**こじれる** 감기가 악화되다

こだわる 구애되다 / 작은 일에 트집을 잡다 *こだわり 구애 / 집착

懲りる (こりる) 질리다

179 **2** 今回だめだったら、また挑戦する**まで**だ。

이번에 안된다면 또 도전할 뿐이다.

~まで(のこと)だ (=ただ、~だけだ)(= 오직 ~ 뿐이다)

◆ 本当のことを言った**までだ**。謝る気はない。
진실을 말했을 뿐이다. 사과할 생각은 없다.

◆ あなたが言わないなら、本人に尋ねる**までのことです**。
당신이 말하지 않는다면 본인에게 물어보면 그뿐입니다.

문제

4 일째 제 **2** 주

180 靴を脱いで<u>裸足</u>になると、彼は沖のほうを眺めながら浜辺を歩いた。

1 はだし
2 すあし
3 はだか
4 すはだ

문자

19 □□□

181 仕事が忙しく、残業が翌朝まで_____。

1 迫った
2 及んだ
3 貫いた
4 果たした

어휘

19 □□□

182 ニュースは、事実に_____報道されるものだ。

1 際して
2 相まって
3 至って
4 即して

문법

19 □□□

정답

180

1 仕事を脱いで**裸足**になると、彼は沖のほうを眺めながら浜辺を歩いた。

구두를 벗고 맨 발이 되자 그는 먼 바다 쪽을 바라보면서 해변을 걸었다.

脱	**ダツ**：脱線 탈선・脱出 탈출・脱退 탈퇴　ぬ(-ぐ)：脱ぐ 벗다
裸	**はだか**：裸 맨몸　＊裸足 맨발
沖	**おき**：沖 먼 바다・沖縄 오키나와〈地名〉
浜	**はま**：浜 해변/항구・浜辺 바닷가/해변

181

2 仕事が忙しく、残業が翌朝まで**及んだ**。

일이 바빠서 잔업이 다음날 아침까지 이르렀다.

及ぶ	(およぶ) 이르다
迫る	(せまる) 급박하다
貫く	(つらぬく) ◆弾が頭を貫く 총알이 머리를 뚫다
	◆主張を貫く 주장을 관철하다
果たす	(はたす) 해내다

182

4 ニュースは、事実に**即して**報道されるものだ。

뉴스는 사실에 입각하여 보도되는 것이다.

Nに即して　(＝Nに沿って／Nをもとに)

◆長年教えてきた経験に即して、教材を開発します。
오랜 세월 가르친 경험에 입각하여 교재를 개발합니다.

N₁に即したN₂　(＝N₁に沿ったN₂／N₁をもとにしたN₂)

＊「即」는「則」라고도 쓴다 (법률이나 규정 등을 말할 경우)

◆規定に則した税率で計算する。
규정에 따른 세율로 계산하다.

문제

4 일째 **제 2 주**

183 苗が育ち、稲が穂を実らせ、収穫の時期を迎えた。

1 いね
2 くき
3 なえ
4 たば

문자

20 □□□

184 両党は、その件について_____合意した。

1 大方に
2 大柄に
3 大幅で
4 大筋で

어휘

20 □□□

185 スポーツを_____までも、歩くなどして体を動かしたほうがいい。

1 する
2 して
3 しない
4 した

문법

20 □□□

정답

183 3 苗が育ち、稲が穂を実らせ、収穫の時期を迎えた。
모가 자라서 벼가 이삭을 여물게 하여 수확의 시기를 맞이했다.

苗	なえ : 苗 싹 / 모
稲	いね : 稲 벼 いな : 稲光 번개
穂	ほ : 穂 이삭・稲穂 벼 이삭
穫	カク : 収穫 수확

184 4 両党は、その件について**大筋**で合意した。
양당은 그 건에 대해 대략 합의했다.

大筋	(おおすじ) 대략
大方	(おおかた) (=①대부분 ②대개, 대강)
大柄な	(おおがらな) 몸집이 큰 ⇔ 小柄な 몸집이 작은
大幅な	(おおはばな) 큰 폭의

185 3 スポーツを<u>しないまでも</u>、歩くなどして体を動かしたほうがいい。
스포츠까지는 안 하더라도 걷든지 해서 몸을 움직이는 것이 좋다.

Vないまでも (=Vしないが、しかし) * V는 극단적인 예

◆ そんな生活を続けていたら、死な**ないまでも**病気になりますよ。
그런 생활을 계속하다가는 죽지는 않더라도 병에 걸리게 됩니다.

◆ 料理しろとは言わ**ないまでも**、皿洗いくらい手伝ってほしい。
요리하라고는 하지 않더라도 설거지 정도는 도와줬으면 한다.

문제

186 昨夜は酔って騒いで、醜い<u>姿</u>をさらしたらしい。

1. そがた
2. さがた
3. しがた
4. すがた

187 富士山は、静岡県と山梨県に＿＿＿＿＿います。

1. からまって
2. くぐって
3. ひっかけて
4. またがって

188 このくらいの簡単な計算なら、電卓を使う＿＿＿＿＿。

1. に足る
2. きらいがある
3. までもない
4. といったらない

정답

186 4 昨夜は酔って騒いで、醜い姿をさらしたらしい。

지난 밤은 취하여 떠들어서 보기 흉한 모습을 보인 것 같다.

酔 スイ：麻酔 마취
　よ (-う)：酔う 취하다・酔っ払い 술 취한 사람

騒 ソウ：騒音 소음・騒動 소동・騒々しい 시끄럽다・物騒な 뒤숭숭한
　さわ (-ぐ)：騒ぐ 떠들다・騒ぎ 소동/소란・騒がしい 시끄럽다

醜 みにく (-い)：醜い 추하다

姿 シ：姿勢 자세
　すがた：姿 모양/모습

187 4 富士山は、静岡県と山梨県にまたがっています。

후지산은 시즈오카 현과 야마나시 현에 걸쳐 있습니다.

またがる	걸치다　◆馬にまたがる 말에 올라타다
からまる	얽히다
くぐる	빠져나가다
引っかける (ひっかける)	걸다

188 3 このくらいの簡単な計算なら、電卓を使うまでもない。

이 정도의 간단한 계산이라면 계산기를 사용할 것도 없다.

Vるまでもない　(＝Vす 필요가 없다)

◆この表を見れば、結果は説明するまでもないでしょう。
　이 표를 보면 결과는 설명할 필요도 없을 겁니다.

◆言うまでもなく、日本は法治国家だ。
　두말할 것도 없이 일본은 법치국가다.

120

문제

5일째 제2주

189 私は焦げ臭いにおいで<u>火災</u>に気付き、慌てて外に出た。

1 かさい
2 かえん
3 ひさい
4 ひえん

문자

190 これは簡単そうに見えるけれど、＿＿＿＿やってみると、なかなかできない。

1 いざ
2 かつて
3 ずばり
4 まさしく

어휘

191 今日がセールと知っていたら昨日買わなかった＿＿＿＿、損をしてしまった。

1 にあって
2 ものを
3 ともなると
4 こととて

문법

정답

189

1 私は焦げ臭いにおいで<u>火災</u>に気付き、慌てて外に出た。

나는 타는 냄새로 화재를 알아 채고 황급히 밖으로 나왔다.

문자

| 焦 | **ショウ**: 焦点 초점
| | **あせ** (-る): 焦る 초조해지다
| | **こ** (-げる/-がす): 焦げる 타다・焦げ茶 짙은 갈색・焦がす 태우다
| 臭 | **シュウ**: 無臭 무취・異臭 이취/이상한 냄새
| | **くさ** (-い): 臭い 고약한 냄새가 나다・生臭い 비린내가 나다
| 災 | **サイ**: 火災 화재・災難 재난・災害 재해・天災 천재
| 慌 | **あわ** (-てる): 慌てる 당황하다 **あわ** (-ただしい): 慌ただしい 어수선하다

190

1 これは簡単そうに見えるけれど、**いざ**やってみると、なかなかできない。

이것은 간단한 듯이 보이지만 실제로 해 보면 상당히 어렵다.

いざ	◆いざ~してみると(=마음먹고 ~ 해보면)
かつて	일찍이 ＊「かって」라고도 한다
ずばり	〈단도직입으로 말하는 모습〉
まさしく	틀림없는

191

2 今日がセールと知っていたら昨日買わなかった**ものを**、損をしてしまった。

오늘이 세일이라고 알았더라면 어제 사지 않았을 것을, 손해를 보았다.

문법

~ものを (=것을) ＊결과에 대한 불만을 나타낸다

◆思っていることを言えばいい**ものを**、なぜいつも彼は黙っているのだろう。

생각하는 것을 말하면 될 것을 왜 언제나 그는 잠자코 있는 것일까?

◆工事中だとわかっていれば迂回した**ものを**。

공사중인 것을 알았다면 우회했을 것을.

문제 　　　　　　　　　　　　　　5 일째　제 2 주

192 静かに揺れるろうそくの炎は、心を<u>穏やか</u>にしてくれる。

1　さわやか
2　おだやか
3　しとやか
4　ささやか

문자

23 □□□

193 その記事は事実に基づいたものではないので、信頼に＿＿＿＿。

1　徹しない
2　要しない
3　値しない
4　称しない

어휘

23 □□□

194 入金の確認をもって契約が成立した＿＿＿＿。

1　に至る
2　に足る
3　ものとする
4　ものでもない

문법

23 □□□

123

정답

192 **2** 静かに揺れるろうそくの炎は、心を<u>穏やか</u>にしてくれる。

조용히 흔들리는 촛불의 불꽃은 마음을 평온하게 해 준다.

揺 ヨウ：動揺する 동요하다

　ゆ (-れる)：揺れる 흔들리다

　ゆ (-らぐ)：揺らぐ 들썩이다　**ゆ** (-さぶる)：揺さぶる 흔들다

炎 エン：炎症 염증　**ほのお**：炎 불꽃

穏 **おだ** (-やか)：穏やかな 평온한

爽 **さわ** (-やか)：爽やかな 상쾌한

193 **3** その記事は事実に基づいたものではないので、信頼に<u>値しない</u>。

이 기사는 사실에 근거한 것은 아니기 때문에 신뢰할 가치가 없다.

値する (あたいする) 가치가 있다

徹する (てっする) 일관하다

要する (ようする) 필요로 하다

称する (しょうする) 칭하다

194 **3** 入金の確認をもって契約が成立した<u>ものとする</u>。

입금이 확인됨으로써 계약이 성립된 것으로 한다.

~ものとして （=~とみなして）(=~로 간주하여)

◆ 中級修了と同等の能力が<u>あるものとして</u>、上級クラス受講を許可する。

　중급 수료와 동등한 능력이 있는 것으로서 상급 클래스 수강을 허가한다.

Vるものとする （=~と決める）

◆ 無断駐車をした場合、罰金2万円を<u>払うものとする</u>。

　무단주차를 한 경우 과태료 2만 엔을 내도록 한다.

문제

195 医師とその関係者は、診療上知り得た<u>患者</u>の秘密を守るべきだ。

1 かんじゃ
2 かんしゃ
3 しんじゃ
4 がんじゃ

196 初心を忘れず、＿＿＿＿を高く持とう。

1 縁
2 富
3 技
4 志

197 あの頃は若い＿＿＿＿、無茶をしたものだ。

1 あげくに
2 のすえに
3 かぎりに
4 がゆえに

정답

195 **1** 医師とその関係者は、診療上知り得た患者の秘密を守るべきだ。

의사와 그 관계자는 진료할 때 알게 된 환자의 비밀을 지켜야 한다.

| 診 | シン: 診断 진단・診察 진찰・診療 진료・往診 왕진
み (-る): 診る 진찰하다
| 患 | カン: 患者 환자
| 秘 | ヒ: 秘書 비서・秘密 비밀・神秘 신비
| 密 | ミツ: 密度 밀도・密集する 밀집하다・過密 과밀・精密な 정밀한

196 **4** 初心を忘れず、**志**を高く持とう。

초심을 잃지 말고 뜻을 높이 가지자.

| 志 | (こころざし) 뜻
| 縁 | (えん) 인연
| 富 | (とみ) 부
| 技 | (わざ) 기술

197 **4** あの頃は若い**がゆえに**、無茶をしたものだ。

OK 若かったがゆえに／若さ(の)ゆえ(に)

저 때는 젊은 탓에 무리한 일을 했었다

《文》がゆえに N(の)ゆえ(に/の) *원인・이유를 나타낸다

◆ 彼は有名人ゆえの不自由さから逃げたくなった。

그는 유명인인 탓의 불편함에서 도망치고 싶어졌다.

◆ 貧困と無知ゆえに死んでいく子供たちがいる。

빈곤과 무지 탓에 죽어가는 아이들이 있다.

문제

5일째　제2주

198 通販で購入したレモン<u>果汁</u>入りの酸っぱい
ジュースは、私の元気の源です。

1　ぼくじゅう
2　かしゅう
3　かじゅう
4　かじる

문자

25 □□□

199 海外旅行に行くなら、私が＿＿＿＿お世話になって
いる旅行会社を紹介しますよ。

1　日頃
2　一頃
3　年頃
4　先頃

어휘

25 □□□

200 子供は目を覚ます＿＿＿＿、母親を呼んだ。

1　とたんに
2　やいなや
3　なら
4　ところを

문법

25 □□□

정답

198

3 通販で購入したレモン果汁入りの酸っぱいジュースは、私の元気の源です。

통신 판매에서 구입한 레몬 과즙이 들어간 신맛의 쥬스는 내 건강의 원천입니다.

| 購 | コウ：購入する 구입하다・購読する 구독하다
| 汁 | ジュウ：果汁 과즙・墨汁 먹물　しる：汁 즙／국물
| 酸 | サン：酸素 산소・酸性 산성・酸 산・酸化 산화
　　す(-い)：酸い 시다・酸っぱい 시다
| 墨 | ボク：墨汁 먹물　すみ：墨 먹

199

1 海外旅行に行くなら、私が日頃お世話になっている旅行会社を紹介しますよ。

해외 여행에 간다면 내가 평소 도움을 받는 여행회사를 소개하겠습니다.

| 日頃 | (ひごろ) 평소
| 一頃 | (ひところ) 한때
| 年頃 | (としごろ) 적령기
| 先頃 | (さきごろ) (=この間) 얼마 전 *딱딱한 표현

200

2 子供は目を覚ますや否や、母親を呼んだ。

OK 目を覚ますなり／目を覚ますが早いか／目を覚ましたとたん

아이는 잠이 깨자마자 엄마를 불렀다.

Vるや(否や) (=Vるとすぐに／Vたとたん) (= V하자마자)

- 終了のベルが鳴るや否や、学生たちは机の上を片付け始めた。
  종료 벨이 울리자마자 학생들은 책상 위를 치우기 시작했다.

- 広告を出すや否や、注文が殺到した。
  광고를 내자마자 주문이 쇄도했다.

문제

6일째 제2주

201 需要と供給のバランスが<u>崩れる</u>と株価が変動する。

1 こわれる
2 くずれる
3 やぶれる
4 はずれる

26 □□□

202 円高で_____のは、輸出産業だ。

1 怒りにふれる
2 悲鳴を上げる
3 息を引き取る
4 角が立つ

26 □□□

203 その人は、謎_____言葉を残して死んだ。

1 まいた
2 がちな
3 めいた
4 だらけ

26 □□□

정답

201

2 需要と供給のバランスが崩れると株価が変動する。

수요와 공급의 밸런스가 무너지면 주가가 변동한다.

需	ジュ：需要 수요・必需品 필수품
崩	ホウ：崩壊する 붕괴하다
	くず (-れる/-す)：崩れる 무너지다・崩す 무너뜨리다 ＊雪崩 눈사태
株	かぶ：株 주식・株式会社 주식회사・株価 주가
壊	カイ：破壊する 파괴하다・崩壊する 붕괴하다
	こわ (-れる/-す)：壊れる 깨지다/부서지다・壊す 부수다/고장내다

202

2 円高で悲鳴を上げるのは、輸出産業だ。

엔고로 비명을 지르는 것은 수출산업이다.

悲鳴を上げる	(ひめいをあげる) 비명을 지르다
怒りに触れる	(いかりにふれる) 화나게 하다
息を引き取る	(いきをひきとる) 숨을 거두다
角が立つ	(かどがたつ) 모가 나다

203

3 その人は、謎めいた言葉を残して死んだ。 OK 謎だらけの

그 사람은 수수께끼같은 말을 남기고 죽었다.

Nめく ~다워지다

◆ だいぶ春めいてきましたね。

제법 봄다워졌네요.

◆ あの役者さんの生活ぶりは秘密めいています。

저 배우의 생활상은 비밀스럽습니다.

문제　　　　　　　　　　　　　　　　6일째　제2주

204 豆腐には絹と木綿があり、絹のほうが舌触りが<u>滑らか</u>だ。

1　なまらか
2　なめらか
3　やわらか
4　おおらか

27 ☐☐☐

205 会話は大丈夫ですが、書くのは、_____ひらがなが書ける程度です。

1　かろうじて
2　ひょっとして
3　さすがに
4　いったいに

27 ☐☐☐

206 我々のコンサートは、3月6日の北海道_____、全国20ヵ所で行います。

1　を先駆けて
2　を先立って
3　を皮切りに
4　をめぐって

27 ☐☐☐

정답

204 **2** 豆腐には絹と木綿があり、絹のほうが舌触りが<u>滑らか</u>だ。

두부에는 연두부와 보통두부가 있어 연두부 쪽이 혀의 감촉이 부드럽다.

문자

腐	フ : 豆腐 두부・腐敗する 부패하다
	くさ (-る) : 腐る 썩다 / 상하다
絹	きぬ : 絹 비단
舌	した : 舌 혀
滑	カツ : 円滑な 원활한
	すべ (-る) : 滑る 미끄러지다
	なめ (-らか) : 滑らかな 매끄러운

205 **1** 会話は大丈夫ですが、書くのは、<u>かろうじて</u>ひらがなが書ける程度です。

회화는 괜찮습니다만 쓰는 것은 간신히 히라가나를 쓸 정도입니다.

어휘

かろうじて	간신히
ひょっとして	(=もしかして) (어쩌면 / 만약)
さすが	과연 (①예상이나 평판대로 ②저 정도의)
一体	(いったい) *강한 의문을 나타낸다

♦ これは**一体**何だ？ 이게 대체 뭐지？

206 **3** 我々のコンサートは、3月6日の北海道<u>を皮切りに</u>、全国20ヵ所で行います。 우리들의 콘서트는 3월 6일 홋카이도를 시작으로 전국 20곳에서 실시합니다.

문법

Nを皮切りに (して) **Nを皮切りとして** (＝Nから始まって)(=N을 시작으로)

♦ その商品の成功**を皮切りに**、次々とヒット商品が生まれた。
그 상품의 성공을 시작으로 잇따라 히트 상품이 탄생했다.

Nに先駆けて (＝Nより早く)(=N 보다 빨리)

♦ 他社**に先駆けて**、新商品を次々に発表する。
타사에 앞서 신상품을 잇따라 발표한다.

문제

6 일째 **제 2 주**

207 <u>就職</u>活動で成功するために、性格や適正を自己分析してみた。

1 すうしょく
2 しゅうしょく
3 じゅうしょく
4 ちゅうしょく

문자

28 □□□

208 この会場は、約 2 千人＿＿＿＿＿＿＿できます。

1 収集
2 収穫
3 収納
4 収容

어휘

28 □□□

209 娘は初めてのお菓子作りで、服も顔も粉＿＿＿＿＿＿＿なっていた。

1 らしく
2 ごとく
3 まみれに
4 がちに

문법

28 □□□

정답

207 2 就職活動で成功するために、性格や適性を自己分析してみた。

취직 활동에서 성공하기 위하여 성격과 적성을 자기 분석해 보았다.

就	シュウ : 就職する 취직하다 · 就任する 취임하다 · 就業する 취업하다
	つ (-く): 就く 취임하다 / 오르다
功	コウ : 成功する 성공하다 · 功績 공적
己	コ : 自己 자기
析	セキ : 分析する 분석하다

---

208 4 この会場は、約2千人収容できます。

이 회장은 약 2천명 수용할 수 있습니다.

収容する	(しゅうようする) 수용하다
収集する	(しゅうしゅうする) 수집하다
収穫する	(しゅうかくする) (농작물을) 수확하다
収納する	(しゅうのうする) 수납하다

人を収納する

言わない!

---

209 3 娘は初めてのお菓子作りで、服も顔も粉**まみれ**になっていた。

OK 粉だらけに

딸은 처음으로 과자를 만드느라고 옷도 얼굴도 밀가루 투성이가 되어 있었다.

Nまみれ *먼지, 진흙 등 싫어하는 것이 많이 붙어 있는 모양

◆ 汗**まみれ**になって庭の草刈りをした。

땀 투성이가 되어 뜰의 풀베기를 했다.

◆ 初老の男性が血**まみれ**で倒れていた。

초로의 남성이 피투성이로 쓰러져 있었다.

本まみれ

言わない!

문제

210 「振り込め詐欺」防止運動が実施された。

1 ふりこめ
2 はりこめ
3 ほりこめ
4 へりこめ

211 申込用紙は１階のカウンターに＿＿＿＿ありますので、ご利用ください。

1 つなぎ合わせて
2 備え付けて
3 付け加えて
4 引き取って

212 父親は息子を帰国＿＿＿＿べく、来日した。

1 される
2 する
3 させる
4 なる

정답

210

1 「振り込め詐欺」防止運動が実施された。

「입금사기」 방지 운동이 실시되었다.

|振| シン：振動 진동・振興 진흥
　　 ふ (-る)：振る 흔들다・振り仮名 후리가나・振り向く 뒤돌아보다
　　　　　　　振る舞う 행동하다・振り込む 납입하다
|詐| サ：詐欺 사기
|欺| ギ：詐欺 사기　**あざむ** (-く)：欺く 속이다
|施| シ：実施する 실시하다・施設 시설・施行する 시행하다
　　 ほどこ (-す)：施す 베풀다

211

2 申込用紙は1階のカウンターに**備え付けて**ありますので、ご利用ください。

신청용지는 1층의 카운터에 비치하고 있으므로 이용해 주십시오.

備え付ける	(そなえつける) 구비하다
つなぎ合わせる	(つなぎあわせる) 연결하다
付け加える	(つけくわえる) 덧붙이다
引き取る	(ひきとる) 거두다

212

3 父親は息子を帰国**させる**べく、来日した。

아버지는 아들을 귀국시키려고 일본에 왔다.

Vるべく （＝Vるために）(＝V하기 위해)

◆希望の大学に合格す(る)**べく**、毎日受験勉強に励んでいる。

　희망 대학에 합격하려고 매일 수험 공부에 힘쓰고 있다.

Vるべくもない （＝Vることはできない／Vる可能性はない)(V할 수 없다)

◆今の収入では、マンションの購入など**望むべくもない**。

　지금 수입으로는 맨션 구입 등은 바랄 수도 없다.

문제

6일째 제**2**주

213 学生たちは楽譜を見ながら、<u>合唱</u>の練習を懸命に繰り返した。

1 ごうしょう
2 がっそう
3 がっしょう
4 ごうそう

문자

30 □□□

214 失敗は成功の元。物事を＿＿＿＿に考えようよ。

1 プラス
2 スムーズ
3 アップ
4 メリット

어휘

30 □□□

215 大学の専門を生かすには、貴社＿＿＿＿ほかにはありません。

1 をおいて
2 において
3 をいれて
4 にいれて

문법

30 □□□

정답

213 **3** 学生たちは楽譜を見ながら、**合唱**の練習を懸命に繰り返した。

학생들은 악보를 보면서 합창 연습을 열심히 반복했다.

唱	ショウ：合唱 합창　とな(-える)：唱える 외치다
譜	フ：楽譜 악보
懸	ケン：一生懸命 매우 열심히・懸命 힘껏 함・懸賞 현상
繰	く(-る)：繰り返す 반복하다

문자

---

214 **1** 失敗は成功の元。物事を**プラス**に考えようよ。

실패는 성공의 어머니. 사물을 긍정적으로 생각하자.

プラス	긍정적 ⇔ マイナス 부정적
スムーズ	순조롭게
アップ	업 ⇔ ダウン 다운
メリット	장점

어휘

---

215 **1** 大学の専門を生かすには、**貴社をおいて**ほかにはありません。

대학의 전공을 살리기에는 귀 회사 외에는 달리 없습니다.

Nをおいて (ない)　(＝Nのほかには~ない)(＝N 외에는 없다)

◆ この機会をおいて、政権交代はないだろう。
　이 기회 외에는 정권교체는 없을 것이다.

◆ こんな大事な仕事を任せられるのは、彼をおいてほかにはいない。
　이런 중요한 일을 맡길 수 있는 사람은 그를 빼놓고는 달리 없다.

문법

문제

7 일째 **제2주**

216 体調が悪かったので、近所の医者に<u>診て</u>もらった。→ 195

1 しんて　　　　2 みて

1 □□□

217 父は長年、教育の仕事に<u>携わって</u>きた。→ 136

1 さしさわって　　　　2 たずさわって

2 □□□

218 最近、全身が_____、何もする気になれない。→ 139

1 だるくて　　　　2 にぶくて

1 □□□

219 お酒を飲むことは、_____体に悪いとは言えない。適量ならむしろ体によいとも言われる。→ 136

1 一挙に　　　　2 一概に

2 □□□

220 その歌はいつもラジオから流れていたので、覚える_____覚えてしまった。→ 131

1 ともなしに　　　　2 ともなると

1 □□□

221 日本_____のお土産なら、箸や風呂敷や浴衣でしょう。→ 167

1 ならでは　　　　2 のごとき

2 □□□

문제

222 <u>稲光</u>の後に、ゴロゴロという音がした。→ 183

1 いなびかり　　　2 かみなり

3 □□□

223 失敗ばかりして、自信を<u>喪失</u>した。→ 168

1 もしつ　　　2 そうしつ

4 □□□

224 好きなスポーツは特にないのですが、＿＿＿＿言えば水泳です。→ 166

1 まさしく　　　2 しいて

3 □□□

225 ああ、試験の日が＿＿＿＿。あせるなあ。→ 181

1 及んでいる　　　2 迫っている

4 □□□

226 彼のあなたに対する優しさは、愛＿＿＿＿。→ 134

1 といったところだろう　　　2 でなくてなんだろう

3 □□□

227 あれでも歌手ですか。声＿＿＿＿音程＿＿＿＿、ひどすぎる。→ 137

1 といい／といい　　　2 であれ／であれ

4 □□□

7일째 제2주

228 <u>焦る</u>と逆効果ですから、落ち着いて作業しましょう。
1 あせる　　2 こげる

229 チャンピオンに試合を<u>挑む</u>。
1 はばむ　　2 いどむ

문자

230 彼は、＿＿＿＿小説家だけあって、物事をよく知っている。
1 さすが　　2 かろうじて

231 我が社の製品は原材料に大変＿＿＿＿います。
1 こだわって　　2 こりて

어휘

232 隣人の車に傷をつけてしまった。弁償せずには＿＿＿＿。
1 すまない　　2 おかない

233 インターネットのおかげで、家に＿＿＿＿仕事ができる。
1 いながら　　2 いるともなく

문법

문제

234 看護師は、患者の手を優しく握った。→ 147

　1　ねぎった　　　　2　にぎった

235 ご指摘は的を射ています。→ 132

　1　いて　　　　　　2　えて

236 ＿＿＿＿あって、北海道の牧場で働くことができました。→ 196

　1　富　　　　　　　2　縁

237 その少年は、ゲームと現実を＿＿＿＿、事件を起こしたようだ。→ 130

　1　合併し　　　　　2　混同し

238 ボクサーは、来い＿＿＿＿身構えた。→ 146

　1　ときたら　　　　2　とばかりに

239 彼はミュージシャンになる＿＿＿＿上京した。→ 212

　1　べく　　　　　　2　めく

앞 페이지 정답　228　1　229　2　230　1　231　1　232　1　233　1

240 梅雨入りかと思うと憂鬱だ。

1 ゆいいつ　　　　2 ゆううつ

241 借金返済の催促状が来た。

1 とくそくじょう　　2 さいそくじょう

242 その件については、早期解決に向けて、＿＿＿＿対応が重要だ。

1 すみやかな　　　2 すこやかな

243 家が狭くて衣類の＿＿＿＿に困っている。

1 収容　　　　　　2 収納

244 草刈りで汗＿＿＿＿になった。

1 ずくめ　　　　　2 まみれ

245 修理できないなら、新しいのを買う＿＿＿＿。

1 までもない　　　2 までのことだ

앞 페이지 정답　234 2　235 1　236 2　237 2　238 2　239 1

문제

246 この机は<u>頑丈</u>だ。

1 がんじょう   2 がんこ

247 今年はおみくじが<u>凶</u>だった。

1 きち   2 きょう

248 夢かと思って、ほおを_____みた。

1 つねって   2 むしって

249 私は会話が苦手なので、いつも聞き役に_____しまう。

1 値して   2 徹して

250 息子は学校から_____や否や遊びに行ってしまった。

1 帰る   2 帰った

제 3 주

	1 ~ 6 일째	7 일째 (복습)
1회차	/ 30 문제	/ 12 문제
2회차	/ 30 문제	/ 12 문제
3회차	/ 30 문제	/ 12 문제

 문자

- 6 일째까지 마친 후 정답 수를 세어 기록합시다.
- 정답 수가 적은 분야가 있으면 다시 한 번 푼 후에 7 일째로 나아갑시다.
- 7 일째는 복습입니다. 다 마친 후 정답 수를 적고, 학습 효과를 확인합시다.

	1 ~ 6 일째	7 일째 (복습)
1회차	/ 30 문제	/ 12 문제
2회차	/ 30 문제	/ 12 문제
3회차	/ 30 문제	/ 12 문제

 어휘

	1 ~ 6 일째	7 일째 (복습)
1회차	/ 30 문제	/ 11 문제
2회차	/ 30 문제	/ 11 문제
3회차	/ 30 문제	/ 11 문제

 문법

앞 페이지 정답   246 **1**   247 **2**   248 **1**   249 **2**   250 **1**

문자

_____ のことばに対し、漢字をひらがなに直して、正しいものを選択肢から選びなさい。

_____ 의 단어에 대해 한자를 히라가나로 고치고 바른 것을 선택지에서 고르시오.

어휘

_____ のところに何を入れたらよいか。いちばん適当なものを選択肢から一つ選びなさい。

_____ 에 무엇을 넣으면 좋은지 가장 적당한 것을 선택지에서 하나 고르시오.

문법

_____ のところに何を入れたらよいか。いちばん適当なものを選択肢から一つ選びなさい。

_____ 에 무엇을 넣으면 좋은지 가장 적당한 것을 선택지에서 하나 고르시오.

251 驚いたことに、あの花嫁花婿は婚姻届を出した翌日に離婚したそうだ。

1　はなゆめ
2　はなおめ
3　はなのめ
4　はなよめ

252 各国の＿＿＿＿が集まって、環境問題における意見交換をした。

1　主任
2　首脳
3　重役
4　代理

253 A「うちの会社大丈夫かな。」
B「かなり危ないらしいよ。この先、どうなる＿＿＿＿…。」

1　こととて
2　ことやら
3　ものを
4　ものか

정답

251 **4** 驚いたことに、あの**花嫁**花婿は婚姻届を出した翌日に離婚したそうだ。

놀랍게도 저 신랑신부는 혼인 신고서를 낸 다음 날에 이혼했다고 한다.

嫁 よめ：嫁 며느리・花嫁 신부
婿 むこ：婿 사위 / 신랑・花婿 신랑
姻 イン：婚姻届 혼인 신고서
離 リ：離婚する 이혼하다・離陸する 이륙하다
　　はな (-れる/-す)：離れる 떠나다・離す 떼다

252 **2** 各国の**首脳**が集まって、環境問題における意見交換をした。
OK 代表

각국의 수뇌가 모여 환경문제에 대한 의견교환을 했다.

首脳 (しゅのう) 수뇌
主任 (しゅにん) 주임
重役 (じゅうやく) 중역
代理 (だいり) 대리

253 **2** A「うちの会社大丈夫かな。」
B「かなり危ないらしいよ。この先、どうなる**ことやら**…。」

A「우리 회사 괜찮을까」 B「꽤 위험한 것 같아. 앞으로 어떻게 되는지 ....」

~のやら **~ものやら** **~ことやら** (=~かわからない)

◆ 書類をどこへしまった**のやら**、見つからない。

　서류를 어디에 치웠는지 찾을 수 없다.

◆ ショックで何をしたらいい**のやら**、わからない。

　충격으로 무엇을 하면 좋을지 모르겠다.

148

254 私は<u>怠け者</u>で忍耐力がないから、この仕事は飽きた。休憩したい。

1　なまけもの
2　ならけもの
3　なさけもの
4　だらけもの

255 動物は危険を感じると、自分の身を守ろうとする_____が働く。

1　理性
2　思考
3　感情
4　本能

256 彼の歌には、使い古した表現やメロディー_____、新しさや魅力的な表現は見つからない。

1　こそすれ
2　こそあれ
3　はおろか
4　ですら

정답

254

1 私は**怠け者**で**忍**耐力がないから、この仕事は**飽**きた。**休憩**したい。

나는 게으름뱅이로 인내력이 없기 때문에 이 일은 질렸다. 쉬고 싶다.

| 怠 | **タイ**: 怠慢な 태만한
| | **おこた(-る)**: 怠る 태만히 하다
| | **なま(-ける)**: 怠ける 게으름 피우다 · 怠け者 게으름뱅이
| 忍 | **ニン**: 忍耐 인내
| 飽 | **ホウ**: 飽和 포화
| | **あ(-きる)**: 飽きる 싫증나다
| 憩 | **ケイ**: 休憩する 휴식하다

255

4 動物は危険を感じると、自分の身を守ろうとする**本能**が働く。

동물은 위험을 느끼면 자신의 몸을 지키려고 하는 본능이 작용한다.

| **本能** (ほんのう) 본능
| **理性** (りせい) 이성
| **思考** (しこう) 사고
| **感情** (かんじょう) 감정

256

2 彼の歌には、使い古した表現やメロディー**こそあれ**、新しさや魅力的な表現は見つからない。

그의 노래에는 낡은 표현과 멜로디는 있지만 신선함과 매력적인 표현은 찾을 수 없다.

Nこそあれ (＝Nはあるけれど)

◆以前の生活は苦労**こそあれ**、楽しみも喜びもなかった。

예전의 생활은 고생만 했을 뿐 즐거움도 기쁨도 없었다.

N / Vこそすれ…ない (＝～けれど、絶対…ない)

◆厳しく指導されたが、上司には感謝**こそすれ**、恨みなど全くない。

엄하게 지도받았지만 상사에게는 감사할 뿐 원한같은 것은 전혀 없다.

문제 　　　　　　　　　　　　　1일째　제3주

257 店員に勧められて、充電式の小型芝刈り機を購入した。

1 もとめられて
2 からめられて
3 すすめられて
4 いさめられて

문자

3 □□□

258 田舎生活もいいが、時々＿＿＿＿＿都会の生活が恋しくなる。

1 のどかな
2 はなやかな
3 おごそかな
4 しなやかな

어휘

3 □□□

259 A「あの木になっている柿は食べないんですか。」
B「色＿＿＿＿＿きれいだけど、渋くて食べられないの。」

1 すら
2 だに
3 こそ
4 まで

문법

3 □□□

정답

257 3 店員に**勧められて**、充電式の小型芝刈り機を購入した。

점원이 권해서 충전식의 소형 잔디깎기 기계를 구입했다.

勧	カン : 勧誘する 권유하다・勧告 권고
	すす (-める) : 勧める 권하다・勧め 권유
充	ジュウ : 充実する 충실하다・補充する 보충하다・充電する 충전하다
芝	しば : 芝生 잔디밭・芝居 연극 / 연기・芝 잔디
刈	か (-る) : 刈る 베다 / 깎다

258 2 田舎生活もいいが、時々**華やかな**都会の生活が恋しくなる。

시골 생활도 좋지만 때때로 화려한 도시 생활이 그리워진다.

華やかな	(はなやかな) 화려한
のどかな	한가로운
厳かな	(おごそかな) 엄숙한
しなやかな	탄력성이 있으며 부드러운 모양

259 3 A 「あの木になっている柿は食べないんですか。」
　　　　 B 「**色こそ**きれいだけど、渋くて食べられないの。」

A「저 나무에 열린 감은 먹지 않나요?」
B「색은 곱지만 떫어서 먹을 수 없어.」

N こそ~が… (= N は確かに~が…) * N을 강조

◆ このりんご、見た目こそ悪いが味はいい。
　이 사과, 모양은 나쁘지만 맛은 좋다.

◆ あの店の品物は値段こそ安いが、すぐ壊れるものもある。
　저 가게의 물건은 값은 싸지만 금방 망가지는 것도 있다.

152

문제

260 真珠等の宝石や貴重品の発送には、特殊な封筒又は箱が必要です。

1 きじゅうひん
2 きじょうひん
3 きちょうひん
4 きしょうひん

4 ☐☐☐

261 田中さんは、日系ブラジル人の母として_____。

1 従われている
2 養われている
3 負われている
4 慕われている

4 ☐☐☐

262 A「あ、これ内緒にしてって言われてたんだった。_____ことにして。」
B「わかった。」

1 聞く
2 聞かない
3 聞いた
4 聞かなかった

4 ☐☐☐

정답

260 **3** 真珠等の宝石や**貴重品**の発送には、特殊な封筒又は箱が必要です。

진주 등의 보석이나 귀중품 발송에는 특수한 봉투나 상자가 필요합니다.

|貴| **キ**: 貴重な 귀중한・貴族 귀족
　　とうと (-い): 貴い 값지다 / 고귀하다
|珠| **シュ**: 真珠 진주
|殊| **シュ**: 特殊な 특수한
|又| **また**: 又 또・又は 또는

---

261 **4** 田中さんは、日系ブラジル人の母として**慕われている**。

다나카 씨는 일본계 브라질인의 어머니로서 존경을 받고 있다.

|慕う| (したう) 존경하다 / 사모하다
|従う| (したがう) 따르다
|養う| (やしなう) 부양하다
|負う| (おう) ◆**責任を負う** 책임을 지다
　　　　　　◆**傷を負う** 상처를 입다

---

262 **4** A「あ、これ内緒にしてって言われてたんだった。**聞かなかった**ことにして。」

　　B「わかった。」

A「아, 이건 비밀로 해달라고 그랬었는데. 듣지 않은 걸로 해줘」B「알았어.」

| **~たことにする** | **~たことになる** | ＊사실에 반대

◆今日は見**なかったことにして**やるから、今後はそんなことをするんじゃないぞ。

오늘은 못 본걸로 할테니 앞으로는 그런 일을 하면 안돼.

◆彼は大学を卒業**したことになっている**が、実際は中退したらしい。

그는 대학을 졸업한 것으로 되어있지만 실제로는 중퇴한 것 같다.

문제

1일째 **제3주**

263 循環器系の<u>疾患</u>には、高血圧や不整脈などがある。

1 やかん
2 けっかん
3 しかん
4 しっかん

문자

5 □□□

264 田中さんは、一人っ子で両親に_____されて育ったからわがままだ。

1 はなはだ
2 ちやほや
3 かわるがわる
4 まちまち

어휘

5 □□□

265 バスに乗ってから小銭を探して人を_____、乗る前から用意しておきましょう。

1 待たせることなしに
2 待たせることのないように
3 待たせんがために
4 待たせるべからず

문법

5 □□□

정답

263 **4** 循環器系の**疾患**には、高血圧や**不整脈**などがある。

순환기 계통 질환에는 고혈압이나 부정맥 등이 있다.

循	ジュン：循環 순환
系	ケイ：系統 계통・体系 체계・理系 이과・文系 문과
疾	シツ：疾患 질환・疾病 질병
脈	ミャク：脈 맥・脈拍 맥박・山脈 산맥・文脈 문맥・人脈 인맥

---

264 **2** 田中さんは、一人っ子で両親に**ちやほや**されて育ったからわがままだ。

다나카 씨는 외동이여서 부모님이 애지중지 키웠기 때문에 제 멋대로이다.

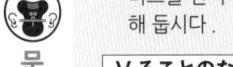

ちやほやする	애지중지하다 (＝甘やかす)
甚だ	(はなはだ) 심히
代わる代わる	(かわるがわる) 교대로
まちまち	가지각색

---

265 **2** バスに乗ってから小銭を探して人を**待たせることのないように**、乗る前から用意しておきましょう。

버스를 탄 후에 동전을 찾아 사람을 기다리게 하는 일이 없도록 타기 전부터 준비해 둡시다.

V ることのないよう(に)

◆災害が起きてから慌て**ることのないように**、日頃から準備しておこう。

재해가 일어나고 나서 당황하는 일이 없도록 평소부터 준비해 두자.

◆事件に巻き込まれ**ることのないよう**、交友関係に注意しよう。

사건에 휘말리는 일이 없도록 교우관계에 주의하자.

문제

2 일째 **제 3 주**

266 太郎は小さい頃、侍に憧れてテレビの時代劇に夢中でした。

1 したわれて
2 あこがれて
3 さそわれて
4 さらわれて

문자

6 □□□

267 ようやく景気回復の_____が見えてきた。

1 ひなた
2 すきま
3 ほとり
4 きざし

어휘

6 □□□

268 いつか会おうと言っていたのに、旧友とは_____でした。

1 会ったが最後
2 会わんばかり
3 会わずじまい
4 会うまでのこと

문법

6 □□□

157

정답

266 2 太郎は小さい頃、侍に**憧れて**テレビの時代劇に夢中でした。

타로는 어렸을 때 사무라이를 동경해서 텔레비전 사극에 열중했다.

| 郎 | **ロウ**: 太郎／次郎／一郎〈男性の名前〉타로 / 지로 / 이치로〈남성의 이름〉
| 侍 | **さむらい**: 侍 무사 / 사무라이
| 憧 | **あこが** (-れる): 憧れる 동경하다
| 慕 | **した** (-う): 慕う 그리워하다 / 존경하다

267 4 ようやく景気回復の**兆し**が見えてきた。

드디어 경기 회복의 조짐이 보인다.

| 兆し | (きざし) 조짐
| 日なた | (ひなた) 양지
| すき間 | (すきま) 틈새
| ほとり | 근처

268 3 いつか会おうと言っていたのに、旧友とは**会わずじまい**でした。

언젠가 만나자고 했는데 옛 친구와는 만나지 못하고 말았다.

V ずじまい   *결국 V 안 하고 말았다

◆ 最近忙しくて、借りた本を読ま**ずじまい**で図書館に返すことが多い。
  요즘 바빠서 빌린 책을 읽지 않고 그냥 도서관에 돌려주는 일이 많다.

◆ とりあえず使っていた食器を使い続けて、新しいのは買わ**ずじまい**です。
  우선 사용하던 식기를 계속 사용하여서 새로운 것은 사지 않고 말았습니다.

문제

269 HDDとは、磁気式の記憶装置のことで、<u>膨大</u>な情報を収納する倉庫のようなものである。

1 じんだい
2 ぼうだい
3 そうだい
4 かんだい

270 評判がいい映画だったが、私にはちょっと＿＿＿＿＿＿＿。

1 申し分なかった
2 物足りなかった
3 何気なかった
4 情けなかった

271 梅の香りに＿＿＿＿＿＿＿公園を散歩した。

1 誘われるやら
2 誘われるべく
3 誘われずとも
4 誘われるまま

정답

269

2 HDDとは、磁気式の記憶装置のことで、**膨大**な情報を収納する倉庫のようなものである。

HDD는 자기식 기억 장치인데 방대한 정보를 수납하는 창고와 같은 것이다.

| 磁 | ジ：磁石 자석・磁気 자기
| 膨 | ボウ：膨張する 팽창하다・膨大な 방대한
| | ふく(-らむ/-れる)：膨らむ 부풀다・膨れる 부풀다
| 倉 | ソウ：倉庫 창고　くら：鎌倉〈地名〉가마쿠라〈지명〉
| 寛 | カン：寛大な 관대한・寛容な 관용적인

270

2 評判がいい映画だったが、私にはちょっと**物足りなかった**。

평판이 좋은 영화였지만 나한테는 조금 미흡했다.

| **物足りない** | (ものたりない) 미흡하다 / 아쉽다
| **申し分ない** | (もうしぶんない) 더할나위없다
| **何気ない** | (なにげない) 별 생각없다 / 무심하다
| **情けない** | (なさけない) 한심하다

271

4 梅の香りに**誘われるまま**公園を散歩した。

매화의 향기에 이끌려지는대로 공원을 산책했다.

Vられるまま(に)~ （＝Vされる通りに~）　＊자신의 의지에 관계없이

◆ 祖母は親に言われるままに結婚した。할머니는 부모님이 시키는 대로 결혼했다.

◆ 少年は悪い仲間に誘われるままに行動を共にしていた。
　소년은 나쁜 친구가 하자는 대로 행동을 함께 하고 있었다.

Vずとも~ （＝Vなくても~）

◆ 聞かずとも、言わずとも、お互いに気持ちは理解し合えた。
　듣지 않아도 말하지 않아도 서로 마음은 이해할 수 있었다.

272 創立百周年の記念式典の後、<u>名誉</u>教授による講義も行われる。

1 めいぼ
2 めいご
3 めいど
4 めいよ

273 この薬を飲むと、すぐに痛みが＿＿＿＿＿＿よ。

1 冷やかします
2 励まします
3 案じます
4 和らぎます

274 あの女子高生の鞄には化粧品＿＿＿＿＿＿お菓子＿＿＿＿＿＿いっぱい入っているが、教科書やノートは見当たらない。

1 だの／だの
2 こそ／こそ
3 なり／なり
4 だに／だに

정답

272 4 創立百周年の記念式典の後、**名誉**教授による講義も行われる。
창립 100주년 기념식 후 명예 교수의 강의도 있다.

創	ソウ：創作 창작・創立する 창립하다・創始者 창시자・独創的な 독창적인
誉	ヨ：名誉 명예
典	テン：百科事典 백과사전・古典 고전・原典 원전・式典 식전
簿	ボ：名簿 명부

---

273 4 この薬を飲むと、すぐに痛みが**和らぎます**よ。
이 약을 먹으면 곧 통증이 완화됩니다.

和らぐ	(やわらぐ) 완화되다
冷やかす	(ひやかす) 놀리다 (＝からかう)
励ます	(はげます) 격려하다
案じる	(あんじる) 걱정하다 / 생각해 내다

---

274 1 あの女子高生の鞄には化粧品**だの**お菓子**だの**いっぱい入っているが、教科書やノートは見当たらない。
저 여고생의 가방에는 화장품이라든가 과자라든가 가득 들어 있지만 교과서나 노트는 찾아 볼 수가 없다.

a だの b だの (＝~とか~とか) ＊부정적인 느낌이 많다

◆ 彼女は、寒い**だの**、疲れた**だの**言い訳して出かけたがらない。
그녀는 춥다느니 피곤하다는 핑계로 외출하고 싶어하지 않는다.

a のやら b のやら (＝~のか~のか) ＊어느 쪽인지 모른다

◆ 料理がおいし過ぎて太ると言われ、喜んでいい**のやら**悪い**のやら**わからない。
요리가 너무 맛있어서 살이 찐다는 말을 듣고 좋아해야 할지 말지 알 수가 없다.

문제 **2**일째 **제3주**

275 化学肥料や農薬を控え、土壌の生産効率を<u>維持</u>する農法を有機栽培と言う。

1　しじ
2　ほじ
3　いじ
4　こじ

276 このラジオは、万一のとき電池がなくても心配＿＿＿＿＿＿＿。手動で発電可能です。

1　無用
2　無能
3　無断
4　無知

277 お金はもちろんほしいけれど、＿＿＿＿＿＿＿なかったで、なんとかなる。

1　ないから
2　なくても
3　なかったら
4　ないので

정답

275 **3** 化学肥料や農薬を控え、土壌の生産効率を<u>維持</u>する農法を有機栽培と言う。

화학 비료와 농약을 삼가고 토양의 생산 효율을 유지하는 농법을 유기 재배라고 한다.

문자

| 肥 | ヒ: 肥料 비료
| 維 | イ: 維持する 유지하다
| 栽 | サイ: 栽培する 재배하다
| 培 | バイ: 栽培する 재배하다

---

276 **1** このラジオは、万一のとき電池がなくても心配<u>無用</u>。手動で発電可能です。

이 라디오는 만일의 경우 전지가 없어도 걱정이 불필요. 수동으로 발전 가능합니다.

어휘

| **無用** (むよう) (=①필요없다 ②도움이 되지 않는다)
| **無能な** (むのうな) 무능한 ⇔ **有能な** (ゆうのうな) 유능한
| **無断** (むだん) 무단
| **無知な** (むちな) 무지한

---

277 **3** お金はもちろんほしいけれど、<u>**なかったら**</u>なかったで、なんとかなる。

돈은 물론 갖고 싶지만 없으면 없는 대로 어떻게든 된다.

문법

| **~たら~で…** | (=~ても…) *~을 강조

◆ 仕事をするのに、時間はあったほうがいいが、なかっ**たら**なかっ**たで**なんとかなるものだ。

일을 하는데 시간은 있는 편이 좋지만 없으면 없는 대로 어떻게든 된다.

◆ 庭が<u>あっ**たら**あっ**たで**</u>手入れが大変だ。

정원이 있으면 있는 대로 손질이 힘들다.

문제

278 大関は今場所優秀な成績をあげ、横綱に昇進した。

1 よこづな
2 よこあみ
3 おうこう
4 おうもう

279 妻は非常に_____から、うそはつけない。

1 落ち着きがある
2 勘がいい
3 思いやりがある
4 愛想がいい

280 大企業も中小企業もこの不景気に_____がための方策を考えている。

1 生き残らない
2 生き残らず
3 生き残った
4 生き残らん

정답

278 **1** 大関は今場所優秀な成績をあげ、**横綱**に**昇進**した。

오제키는 이번 경기에서 우수한 성적을 올려 요코즈나로 승진했다.

(*일본 씨름에서 최상위 계급이 「요코즈나」, 그 다음이 「오제키」)

| 秀 | **シュウ**：優秀な 우수한・秀才 수재
| 綱 | **つな**：綱 밧줄・横綱 요코즈나 (일본 씨름에서 가장 상위 단계 선수)
| 昇 | **ショウ**：昇進する 승진하다・上昇する 상승하다
| | **のぼ(-る)**：昇る 높이 올라가다
| 網 | **モウ**：通信網 통신망　**あみ**：網 그물

279 **2** 妻は非常に**勘がいい**から、うそはつけない。

아내는 대단히 눈치가 빠르므로 거짓말은 할 수 없다.

| **勘がいい** | (かんがいい) 눈치가 빠르다 / 직감이 좋다
| **落ち着きがある** | (おちつきがある) 침착하다
| **思いやりがある** | (おもいやりがある) 배려가 있다
| **愛想がいい** | (あいそがいい) 붙임성이 좋다

280 **4** 大企業も中小企業もこの不景気に**生き残らん**がための方策を考えている。

대기업도 중소기업도 이 불경기에 살아남기 위한 방책을 생각하고 있다.

| **Vんがために** | ＊Vな~~い~~んがために (＝Vるために／Vようとして)

◆同僚を助けんがために、彼は犠牲になった。

　동료를 돕기 위해 그는 희생했다.

◆遊ぶ金を手に入れんがために、男はタクシー運転手を刺した。

　유흥할 돈을 구하기 위해 남자는 택시 기사를 찔렀다.

281 電車の車掌が酔った乗客に殴られて怪我をするという事件があった。

1 ほめられて
2 なぐられて
3 どなられて
4 せまられて

282 水を使わないで処理する＿＿＿＿トイレが開発されているそうだ。

1 間接的な
2 定期的な
3 平均的な
4 画期的な

283 年は取りたくない。話の途中で何を話していたか忘れる＿＿＿＿。

1 ことか
2 しまつだ
3 がちだ
4 しかない

정답

281 **2** 電車の車掌が酔った乗客に**殴られて**怪我をするという事件があった。

전철 차장이 술취한 승객한테 구타당하여 다친 사건이 있었다.

- 掌 ショウ：車掌 차장
- 殴 なぐ(-る)：殴る 때리다
- 怪 カイ：怪獣 괴수
  あや(-しい)：怪しい 수상쩍다 *怪我 부상 / 상처
- 褒 ホウ：褒美 포상
  ほ(-める)：褒める 칭찬하다

282 **4** 水を使わないで処理する**画期的な**トイレが開発されているそうだ。

물을 사용하지 않고 처리하는 획기적인 화장실이 개발되고 있다고 한다.

- **画期的な** (かっきてきな) 획기적인
- **間接的な** (かんせつてきな) 간접적인 ⇔ 直接的な 직접적인
- **定期的な** (ていきてきな) 정기적인 ⇔ 不定期の 부정기적인
- **平均的な** (へいきんてきな) 평균적인

283 **2** 年は取りたくない。話の途中で何を話していたか忘れる**始末だ**。

나이는 먹기 싫다. 말하는 도중에 무엇을 말하고 있었는지 잊어 버리는 상황이다.

Vる始末だ (＝Vるのは困った状況だ)(=V 하는 것은 곤란한 상황이다)

- あの学生は宿題をため込んだ上、なくして再配布を願い出る始末だ。
  저 학생은 숙제를 쌓아 두었다가 잃어버리고 재배포를 신청하는 상황이다.

- 近頃の社員は何を考えているのか、遅刻してきたくせに早退したいと言い出す始末だ。
  요즘 직원들은 무엇을 생각하고 있는지 지각한 주제에 조퇴하겠다고 나서는 상황이다.

168

284 鳥類の巣穴は軟らかい土壌につくられることが多い。

1　とじょう
2　どひょう
3　とひょう
4　どじょう

285 その殺人事件の犯人は、死刑を＿＿＿＿＿だろう。

1　与えない
2　免れない
3　損なわない
4　促さない

286 社長のあまりにも常識のない発言に、誰もが苦笑を禁じ＿＿＿＿＿。

1　かねなかった
2　ないでもなかった
3　得なかった
4　っぱなしだった

정답

284

4 鳥類の巣穴は軟らかい<u>土壌</u>につくられることが多い。

조류의 둥지는 부드러운 토양인 곳에 만들어지는 경우가 많다.

| 巣 | す：巣 보금자리 / 둥지・空き巣 빈 둥지
| 穴 | あな：穴 구멍
| 壌 | ジョウ：土壌 토양
| 俵 | ヒョウ：土俵 씨름판

285

2 その殺人事件の犯人は、死刑を**免れない**だろう。

그 살인 사건의 범인은 사형을 면할 수 없을 것이다.

| 免れる | (まぬがれる) 피하다 / 면하다 ＊「まぬかれる」라고도 한다
| 与える | (あたえる) 주다
| 損なう | (そこなう) 부수다
| 促す | (うながす) 재촉하다

286

3 社長のあまりにも常識のない発言に、誰もが苦笑を禁じ<u>得な</u>**かった**。

사장의 너무나도 상식없는 발언에 누구나가 쓴 웃음을 금하지 못했다.

Nを禁じ得ない （＝どうしてもNしてしまう） ＊딱딱한 표현

◆ 急に解雇された外国人労働者に同情**を禁じ得ない**。
  갑자기 해고된 외국인 노동자에게 동정을 금할 수 없다.

◆ 格差社会に対して怒り**を禁じ得ない**。
  양극화 사회에 대해 분노를 금할 수 없다.

287 偽造パスポートで入国しようとした男が逮捕された。

1 ぎそう
2 ぎせい
3 ぎぞう
4 ぎぜい

13 □□□

288 デザートは、季節のフルーツを＿＿＿＿使ったケーキです。

1 ひそかに
2 まれに
3 ふんだんに
4 はるかに

13 □□□

289 芝生に＿＿＿＿べからず、と書いてありますよ。

1 入る
2 入らない
3 入り
4 入って

13 □□□

정답

287 3 偽造パスポートで入国しようとした男が逮捕された。

위조 여권으로 입국하려고 한 남자가 체포되었다.

| 偽 | ギ : 偽造する 위조하다 |
| にせ : 偽物 가짜 |
逮	タイ : 逮捕する 체포하다
擬	ギ : 擬音語 의음어・擬態語 의태어・模擬テスト 모의고사
犠	ギ : 犠牲 희생

288 3 デザートは、季節のフルーツを**ふんだんに**使ったケーキです。

디저트는 계절 과일을 풍족히 사용한 케이크입니다.

ふんだんに	충분히 있는 모습 / 풍족히 / 수두룩히
密かな	(ひそかな) 은밀한
まれな	드문
はるかな	훨씬 (＝ずっと)

289 1 芝生に入るべからず、と書いてありますよ。

잔디에 들어가지 말라고 써져있어요.

| **Vるべからず**　**Vるべからざる N** | （＝Vるべきではない／Vてはいけない） |

◆「ゴミ捨てるべからず」と書いた立て札のそばは、ゴミだらけだった。

「쓰레기 버리지 마시오」라고 쓴 팻말 옆은 쓰레기 투성이였다.

◆結婚式のスピーチで使うべからざる言葉を使ってしまった。

결혼식 스피치에서 사용해서는 안되는 말을 써버렸다.

문제

290 あの福祉政策は<u>矛盾</u>に満ちている。

1 よじゅん
2 むじゅん
3 ふじゅん
4 くじゅん

291 ＿＿＿＿の爆弾事件の犯人が捕まった。

1 一連
2 一様
3 一帯
4 一面

292 戦地で撮られた映像は、残酷すぎて＿＿＿＿堪えないものだったという。

1 見ては
2 見るに
3 見ずに
4 見んが

정답

290

2 あの福祉政策は矛盾に満ちている。

그 복지 정책은 모순으로 가득 차 있다.

|福祉| シ：福祉 복지
|策| サク：対策 대책・方策 방책・策 계획・政策 정책
|矛| ム：矛盾 모순
|盾| ジュン：矛盾 모순
　　たて：盾 방패

291

1 一連の爆弾事件の犯人が捕まった。

일련의 폭탄사건의 범인이 체포되었다.

| 一連 | (いちれん) 일련
| 一様に | (いちように) 〈전부 똑 같이 갖추어져 있는 모습〉평등 / 균일 / 한결같음
| 一帯 | (いったい) 그 부근 전부 / 일대
| 一面 | (いちめん) (사물의) 일면

292

2 戦地で撮られた映像は、残酷すぎて見るに堪えないものだったという。

전쟁지에서 찍은 영상은 지나치게 잔혹하여 차마 볼 수 없는 것이었다고 한다.

Nに堪える / Vるに堪える (=~가치가 있다)

◆ 素人が描いたにしては鑑賞に堪える絵だ。
아마추어가 그린 것 치고는 감상할 만한 그림이다.

Nに堪えない / Vるに堪えない (=~할 수 없다)

◆ 近くに座った人たちの会話は、恥ずかしくて聞くに堪えない内容だった。
가까이 앉은 사람들의 대화는 부끄러워서 차마 들을 수 없는 내용이었다.

174

293 この法廷の傍聴券を求める人々が裁判所の前に列を作った。

1 ほうちょう
2 ぼうちょう
3 もうちょう
4 こうちょう

294 この手作りのクッキーは、_____味がしておいしい。

1 質素な
2 素朴な
3 簡素な
4 素直な

295 ただ今_____、受付は終了させていただきます。

1 をおきまして
2 をとりまして
3 をもちまして
4 をかりまして

정답

293

2 この法廷の**傍聴**券を求める人々が裁判所の前に列を作った。

이 법정의 방청권을 구하려는 사람들이 재판소 앞에 줄을 섰다.

- 廷 **テイ**：法廷 법정
- 傍 **ボウ**：傍聴 방청
  - **かたわ(ら)**：傍ら 곁／옆
- 裁 **サイ**：裁判 재판・裁縫 재봉・制裁 제재・体裁 체재・独裁 독재
- 盲 **モウ**：盲点 맹점・盲目的な 맹목적인・盲腸 맹장（＝虫垂炎 충수염）

294

2 この手作りのクッキーは、**素朴な**味がしておいしい。

이 수제 쿠키는 소박한 맛이 나서 맛있다.

- **素朴な** (そぼくな) 소박한
- **質素な** (しっそな) 검소한
- **簡素な** (かんそな) 간소한
- **素直な** (すなおな) 솔직한

295

3 ただ今**をもちまして**、受付は終了させていただきます。

지금으로서 접수는 종료하겠습니다.

Nをもちまして / Nをもって （＝Nで／Nによって）

◆ 12月10日**をもちまして**、閉店させていただくことになりました。

12월 10일로 폐점하게 되었습니다.

◆ 居眠り運転の怖さを、私は**身をもって**体験しました。

졸음 운전의 무서움을 저는 몸으로써 체험했습니다.

문제

296 洪水で堤防が崩れた場合、どこへ<u>避難</u>しますか。

1 ひなん
2 そうなん
3 へきなん
4 へなん

297 若さを＿＿＿＿＿ために、毎日１キロ泳いでいる。

1 備える
2 携える
3 接する
4 保つ

298 忘れる＿＿＿＿＿、すべてを記憶することはできないにちがいない。

1 が早いか
2 ことなしに
3 からする
4 までもなく

정답

296

1 洪水で堤防が崩れた場合、どこへ避難しますか。

홍수로 제방이 무너졌을 경우 어디로 피난합니까?

| 洪 | コウ:洪水 홍수
| 堤 | テイ:堤防 제방
| 避 | ヒ:避難する 피난하다
| | さ (-ける):避ける 피하다
| 遭 | ソウ:遭難する 조난하다・遭遇する 조우하다
| | あ (-う):遭う 당하다 / 겪다

297

4 若さを**保つ**ために、毎日1キロ泳いでいる。

젊음을 유지하기 위해 매일 1 킬로 수영하고 있다.

| **保つ** | (たもつ) 유지하다
| **備える** | (そなえる) 갖추다
| **携える** | (たずさえる) 휴대하다
| **接する** | (せっする) 접하다

298

2 忘れる**ことなしに**、すべてを記憶することはできないにちがいない。

잊는 것 없이 모든 것을 기억할 수는 없을 것이다.

| **Vることなしに~ない** | （＝Vなければ~ない）

◆ 誰かに迷惑をかける**ことなしに**、人は生きられ**ない**。
   누군가에게 민폐를 끼치는 일 없이 사람은 살 수 없다.

◆ 何事も、努力する**ことなしに**上達はあり得**ない**。
   어떤 일도 노력 없이 향상될 수는 없다.

299 商店街の抽選会で当たった鉢植えを、<u>天井</u>からぶら下げてみた。

1 てんせい
2 かもい
3 てんじょう
4 しきい

300 我が国の政治は、「情けない」の一言に_____。

1 仕える
2 省みる
3 尽きる
4 嘆く

301 その同級生のことは、名前_____顔も思い出せません。

1 はおろか
2 をかわきりに
3 にくわえ
4 ばかりに

정답

299 **3** 商店街の抽選会で当たった鉢植えを、**天井**からぶら下げてみた。

상점가의 추첨회에서 당첨된 화분을 천장에 매달아 보았다.

抽	チュウ：抽象的な 추상적인・抽選 추첨
鉢	ハチ：鉢 사발 / 화분・植木鉢 화분・鉢植え 화분에 심은 식물
井	ショウ：天井 천장
	い：井戸 우물
敷	し (-く)：敷く 깔다・敷地 부지・敷居 문턱・敷金 보증금

300 **3** 我が国の政治は、「情けない」の一言に**尽きる**。

우리나라의 정치는 「한심하다」는 말밖에는 할 말이 없다.

- 尽きる (つきる) ~밖에 없다
- 仕える (つかえる) 섬기다
- 省みる (かえりみる) 돌이켜보다 (= 反省する 반성하다)
- 嘆く (なげく) 한탄하다

301 **1** その同級生のことは、名前**はおろか**顔も思い出せません。

그 동급생의 일은 이름은 커녕 얼굴도 생각이 나지 않습니다.

N₁はおろかN₂も (= N₁ どころか N₂ も) *딱딱한 표현

◆ そこの犬たちは、餌**はおろか**水も与えられていなかった。

그곳 개들은 먹이는 커녕 물도 주지 않았다.

◆ 最近の大学生の中には、論文**はおろか**レポートの書き方も知らない者がいる。

요즘 대학생 중에는 논문은 커녕 리포트 쓰는 법도 모르는 사람이 있다.

문제

302 さんざん苦労をかけてきた<u>償い</u>に、これからは親孝行すると誓った。

1 つぐない
2 おぎない
3 まかない
4 ただよい

18 □□□

303 泥棒は、何も＿＿＿＿＿を残していない。

1 手はず
2 手がかり
3 手当て
4 手ごろ

18 □□□

304 昨日の暖かさ＿＿＿＿＿、今日の寒いことといったらない。

1 にとりかえ
2 にいれかえ
3 におきかえ
4 にひきかえ

18 □□□

정답

302 **1** さんざん苦労をかけてきた**償い**に、これからは親孝行すると誓った。

몹시 고생을 시킨 보상으로 앞으로는 효도하겠다고 맹세했다.

문자

| 償 | ショウ：弁償する 변상하다・補償 보상
| つぐな (-う)：償う 갚다 / 보상하다・償い 보상 / 보답
| 孝 | コウ：孝行 효행 / 효도
| 誓 | ちか (-う)：誓う 맹세하다 / 서약하다
| 賄 | ワイ：賄賂 뇌물・贈収賄 증수회
| まかな (-う)：賄う 조달하다

---

303 **2** 泥棒は、何も**手がかり**を残していない。

도둑은 아무것도 단서를 남기지 않았다.

手がかり	(てがかり) 단서
手はず	(てはず) 순서
手当て	(てあて) 준비 / 수당 / 처치
手頃な	(てごろな) 적합한

어휘

---

304 **4** 昨日の暖かさ**にひきかえ**、今日の寒いことといったらない。

어제의 따뜻함에 반해 오늘은 정말이지 춥다.

| **Nにひきかえ** | （＝Nに比べて） ＊딱딱한 표현 |

문법

◆ 愛想のいい奥さん**にひきかえ**、ご主人は無愛想だ。
붙임성이 좋은 부인과는 달리 남편은 무뚝뚝하다.

◆ この町**にひきかえ**、隣町はなんて便利なのだろう。
이 마을과 반대로 이웃 마을은 어쩌면 그렇게 편리할까?

182

문제

305 彼女は損害<u>賠償</u>を請求する訴訟を起こした。

1　ぼうしょう
2　べいしょう
3　ばいしょう
4　ほうしょう

19 □□□

306 地震の影響で道路が切断され、復旧の＿＿＿＿。

1　めどが立たない
2　つじつまが合わない
3　すじが通らない
4　願いがかなわない

19 □□□

307 あの先生は教え方＿＿＿＿、面倒見もいい。

1　はまでもなく
2　もさることながら
3　はのみならず
4　ではあるまいし

19 □□□

정답

305 **3** 彼女は損害賠償を請求する訴訟を起こした。

그녀는 손해 배상을 청구하는 소송을 일으켰다.

| 賠 | バイ：賠償 배상
| 請 | セイ：請求する 청구하다・請求書 청구서・申請する 신청하다
| | 要請する 요청하다
| 訴 | ソ：訴訟 소송
| | うった(-える)：訴える 소송하다
| 訟 | ショウ：訴訟 소송

306 **1** 地震の影響で道路が切断され、復旧の**めどが立たない**。

지진의 영향으로 도로가 절단되어 복구의 전망이 보이지 않는다.

めどが立つ	(めどがたつ) 전망이 서다
つじつまが合う	(つじつまがあう) 앞뒤가 맞다
筋が通る	(すじがとおる) 도리에 맞다
願いがかなう	(ねがいがかなう) 소원이 성취되다

307 **2** あの先生は教え方**もさることながら**、面倒見もいい。

OK 教え方は言うまでもなく／教え方のみならず

저 선생님은 가르치는 방법은 물론이거니와 잘 보살펴 준다.

N₁ もさることながら N₂　(＝ N₁ もそうだが N₂ はもっと)　＊딱딱한 표현

◆あの医者は、腕もさることながら経営がうまい。

　저 의사는 의술도 좋지만 경영도 잘한다.

◆この店は、品揃えもさることながら、店員の対応がいいので気に入っている。

　이 가게는 상품 구색은 물론 점원의 대응이 좋아 마음에 든다.

184

문제

4 일째 **제 3 주**

308 ビールの宣伝には、<u>泡</u>や喉の渇きを表現する視覚的要素が欠かせない。

1 あわ
2 あら
3 あま
4 あだ

20 ☐☐☐

309 彼がそのチームに移籍する可能性は、＿＿＿＿＿＿低い。

1 極めて
2 若干
3 一切
4 大げさに

20 ☐☐☐

310 周囲の批判＿＿＿＿＿＿、彼は自分のやり方を押し通した。

1 をもとに
2 をとわず
3 をめぐり
4 をよそに

20 ☐☐☐

정답

308 **1** ビールの宣伝には、泡や喉の渇きを表現する視覚的要素が欠かせない。

맥주의 선전에는 거품과 갈증을 표현하는 시각적인 요소가 빠질 수가 없다.

宣	**セン** : 宣伝する 선전하다・宣言する 선언하다・宣教師 선교사
泡	**ホウ** : 発泡スチロール 스티로폼
	あわ : 泡 거품
渇	**かわ**(-く) : (喉が)渇く (목이) 마르다
視	**シ** : 視覚 시각・重視する 중시하다・無視する 무시하다・近視 근시
	視野 시야・視察 시찰

309 **1** 彼がそのチームに移籍する可能性は、**極めて**低い。

그가 그 팀으로 이적할 가능성은 극히 낮다.

極めて	(きわめて) 극히
若干	(じゃっかん) 약간
一切～ない	(いっさい～ない) (＝**全然**～ない 전혀 ~ 않다)
大げさな	(おおげさな) 과장된

310 **4** 周囲の批判**をよそに**、彼は自分のやり方を押し通した。

주위의 비판을 아랑곳하지 않고 그는 자신의 방법을 고수했다.

Nをよそに (＝Nを気にしないで／Nに関係なく)

◆ 親の心配**をよそに**、娘は留学を決めてしまった。

부모의 걱정을 아랑곳하지 않고 딸은 유학을 결정해 버렸다.

◆ 節電というスローガン**をよそに**、街のイルミネーションは今年も派手だった。

절전이라는 슬로건을 아랑곳하지 않고 거리의 일루미네이션은 올해도 화려했다.

문제

5일째 제3주

311 植物の茎の細胞を、顕微鏡で観察してみよう。

1 ね
2 め
3 くき
4 がく

21 □□□

312 中高年になったら、塩分の摂取は_____ほうが
いいでしょう。
(せっしゅ)

1 衰えた
2 滅んだ
3 控えた
4 緩めた

21 □□□

313 あの黒_____の女性は、どなたですか。

1 まみれ
2 ずくめ
3 だらけ
4 ぐるみ

21 □□□

정답

311 **3** 植物の茎の細胞を、顕微鏡で観察してみよう。

식물의 줄기 세포를 현미경으로 관찰해 보자.

茎	くき：茎 줄기
胞	ホウ：細胞 세포
顕	ケン：顕微鏡 현미경
微	ビ：微妙な 미묘한・微笑 미소・微量 미량

문자

---

312 **3** 中高年になったら、塩分の摂取は**控えた**ほうがいいでしょう。

중장년층이 되면 염분의 섭취는 줄이는 편이 좋겠죠.

控える (ひかえる) 줄이다
衰える (おとろえる) 쇠퇴하다
滅ぶ (ほろぶ) 망하다
緩める (ゆるめる) 완화하다

어휘

---

313 **2** あの黒**ずくめ**の女性は、どなたですか。

온통 검은 색 옷으로만 입은 저 여성은 누구입니까?

Nずくめ (＝Nばかり)

◆ 占いが当たって、今日は嬉しいこと**ずくめ**だった。
점괘가 맞아 오늘은 기쁜 일 뿐이었다.

Nぐるみ (＝N全部)

◆ この町では、町**ぐるみ**で認知症のケアに取り組んでいる。
이 마을에서는 동네 차원에서 치매 케어에 임하고 있다.

문법

188

문제

314 今、はやっている風邪の<u>特徴的</u>な症状は下痢と吐き気です。

1 とくびてき
2 とくいてき
3 とくしょうてき
4 とくちょうてき

315 空港でスパイと間違われ、3日間も_____。

1 束縛された
2 規制された
3 制限された
4 拘束された

316 あのレストランの料理は味もいいが、それ_____見た目が食欲をそそる。

1 にはんして
2 をぬきにして
3 をこめて
4 にもまして

정답

314 4 今、はやっている風邪の**特徴的**な症状は下痢と吐き気です。

지금 유행하고 있는 감기의 특징적인 증상은 설사와 구토증입니다.

문자

徴	チョウ：特徴 특징・象徴 상징・徴収する 징수하다
症	ショウ：症状 증상・後遺症 후유증・重症 중증
痢	リ：下痢 설사
吐	は (-く)：吐く 토하다・吐き気 구토증

315 4 空港でスパイと間違われ、3日間も**拘束された**。

공항에서 스파이로 오인받아 3일간이나 구속되었다.

어휘

拘束する	(こうそくする) 구속하다
束縛する	(そくばくする) 속박하다
規制する	(きせいする) 규제하다
制限する	(せいげんする) 제한하다

316 4 あのレストランの料理は味もいいが、それ**にもまして**見た目が食欲をそそる。

저 레스토랑의 요리는 맛도 좋지만 게다가 모양새가 식욕을 돋군다.

문법

Nにもまして~ （＝Nも~だがそれ以上に~） ＊딱딱한 표현

◆ 結婚が決まってから、彼女は以前**にもまして**美しくなった。

　결혼이 결정된 뒤 그녀는 그 어느 때보다 아름다워졌다.

◆ このジムは、設備の良さ**にもまして**スタッフの質がいい。

　이 체육관은 설비의 좋은 점 이상으로 스탭의 질이 좋다.

317 日常の煩わしさから離れ、海を臨むすてきな雰囲気のホテルで余裕のある時間を過ごした。

1 まぎらわしさ
2 わずらわしさ
3 うるわしさ
4 いとわしさ

318 ＿＿＿＿＿、面接で落ちた。うまく返答できなかったのだから、仕方がない。

1 案の定
2 依然
3 断然
4 突如

319 不真面目な学生は、ノートを取らないばかりか教科書＿＿＿＿＿持っていない。

1 のみ
2 すら
3 たり
4 でも

정답

317

2 日常の**煩わしさ**から離れ、海を臨むすてきな雰囲気のホテルで余裕のある時間を過ごした。

일상의 번잡함에서 벗어나 바다가 보이는 멋진 분위기의 호텔에서 여유있는 시간을 보냈다.

문자

煩	**わずら**(-う) : 煩う 고민하다 · 煩わしい 번거롭다
臨	**リン** : 臨時 임시 · 臨海 임해 **のぞ**(-む) : 臨む 임하다
雰	**フン** : 雰囲気 분위기
裕	**ユウ** : 余裕 여유 · 裕福な 유복한

318

1 案の定、面接で落ちた。うまく返答できなかったのだから、仕方がない。

예상대로 면접에서 떨어졌다. 잘 대답을 못했으니까 어쩔 수 없다.

어휘

案の定	(あんのじょう) 예상대로
依然	(いぜん) 여전
断然	(だんぜん) 단연
突如	(とつじょ) 돌연

319

2 不真面目な学生は、ノートを取らないばかりか教科書**すら**持っていない。

성실하지 않은 학생은 노트를 적지 않을 뿐만 아니라 교과서조차 갖고 있지 않다.

문법

N(で)すら　(=N(で)も／N(で)さえ)

◆ 母はあまりのショックに、**立ち上がることすら**できなかった。
　어머니는 너무 충격을 받아 일어설 수조차 없었다.

◆ 弟は高校生なのに、**小学生ですら**知っている漢字が書けない。
　남동생은 고등학생인데 초등학생도 아는 한자를 쓸 수 없다.

문제

5일째 제3주

320 毎日トレーニングに励む彼の<u>鍛えられた</u>筋肉は、彫刻のように美しい。

1 ととのえられた
2 きたえられた
3 たたえられた
4 こさえられた

24 □□□

321 過去の失敗を_____ばかりいないで、もっと前向きに考えよう。

1 打ち切って
2 追い出して
3 振り返って
4 投げ出して

24 □□□

322 有名人が母校で授業をするとあって、その教室は生徒や先生で_____なった。

1 あふれるように
2 あふれんばかりに
3 あふれっぱなしに
4 あふれてやまなく

24 □□□

정답

320 **2** 毎日トレーニングに励む彼の鍛えられた筋肉は、彫刻のように美しい。

매일 트레이닝에 힘쓰는 그의 단련된 근육은 조각처럼 아름답다.

| 励 | レイ : 激励 격려・奨励 장려
  はげ (-む /-ます) : 励む 힘쓰다・励ます 격려하다
| 鍛 | きた (-える) : 鍛える 단련하다
| 筋 | キン : 筋肉 근육・腹筋 복근・背筋 배근 すじ : 筋 힘줄
| 彫 | チョウ : 彫刻 조각 ほ (-る) : 彫る 새기다

321 **3** 過去の失敗を振り返ってばかりいないで、もっと前向きに考えよう。

과거의 실패를 뒤돌아 보지만 말고 좀 더 긍정적으로 생각하자.

| 振り返る | (ふりかえる) 뒤돌아 보다 (＝振り向く)
| 打ち切る | (うちきる) 중지하다
| 追い出す | (おいだす) 밀어 내다
| 投げ出す | (なげだす) ◆かばんを**投げ出す** 가방을 내던지다
  ◆試合を**投げ出す** 시합을 포기하다

322 **2** 有名人が母校で授業をするとあって、その教室は生徒や先生で**あふれんばかりに**なった。

유명인이 모교에서 수업하니까 그 교실은 학생들과 선생님들로 넘칠 것 같았다.

| Vんばかり | ＊Vな<del>い</del>んばかり (＝Vしそうなぐらいの様子で)

◆ホームステイ先のお母さんは、<u>こぼれんばかり</u>の笑顔で迎えてくれた。

홈스테이 집 어머니는 흘러넘치는 웃는 얼굴로 반겨주셨다.

◆演技が終わると、<u>割れんばかり</u>の拍手が起こった。

연기가 끝나자 우레와 같은 박수가 터졌다.

문제

5 일째 　제 3 주

323 大統領夫妻がダンスを<u>披露</u>すると、盛大な拍手と歓声が上がった。

1　ひろう
2　ひろ
3　はろう
4　はろ

문자

25 ☐☐☐

324 クレジットカードは、カード会社の＿＿＿＿に通らなければ発行されません。

1　審査
2　検査
3　捜査
4　調査

어휘

25 ☐☐☐

325 彼は周囲の反対をものとも＿＿＿＿、目的を達成した。

1　せずに
2　よそに
3　までに
4　ために

문법

25 ☐☐☐

정답

323

1 大統領夫妻がダンスを**披露**すると、盛大な拍手と歓声が上がった。

대통령 부처가 댄스를 피로하자 성대한 박수와 환호성이 터졌다.

문자

統	**トウ**:大統領 대통령・伝統 전통・統一 통일・系統 계통・統計 통계・統治する 통치하다
披	**ヒ**:披露する 피로하다
盛	**セイ**:盛大な 성대한　**ジョウ**:繁盛する 번성하다
	さか(-ん):盛んな 번창한　**さか(-る)**:燃え盛る 한창 타다・盛り 한창
	も(-る):盛る 높이 쌓아 올리다・盛り上がる 부풀어오르다
歓	**カン**:歓迎する 환영하다・歓声 환성 / 환호성

324

1 クレジットカードは、カード会社の**審査**に通らなければ発行されません。

신용카드는 카드회사의 심사를 통과하지 않으면 발행되지 않습니다.

어휘

| **審査** (しんさ) 심사 |
| **検査** (けんさ) 검사 |
| **捜査** (そうさ) 수사 |
| **調査** (ちょうさ) 조사 |

325

1 彼は周囲の反対をものとも**せずに**、目的を達成した。

그는 주위의 반대에 아랑곳하지 않고 목적을 달성했다.

문법

Nをものともせずに　(=Nを問題にしないで)

◆ 我々の船は、**嵐をものともせずに**進んだ。

　우리 배는 폭풍우에도 아랑곳하지 않고 나아갔다.

◆ A社は**不況をものともせずに**、順調に業績を上げている。

　A사는 불황에도 아랑곳하지 않고 순조롭게 실적을 올리고 있다.

문제

6 일째 **제 3 주**

326 北海道から沖縄に<u>至る</u>太平洋沿岸の広い範囲で津波が観測された。

1　わたる
2　おたる
3　あたる
4　いたる

문자

26 □□□

327 正社員を募集しています。経験の_____は問いません。

1　ありなき
2　ありない
3　あるなき
4　あるなし

어휘

26 □□□

328 子供はテレビから聞こえてくる言葉を、聞いた_____覚えていく。

1　よこから
2　そとから
3　そばから
4　うちから

문법

26 □□□

정답

326 **4** 北海道から沖縄に<u>至る</u>太平洋沿岸の広い範囲で津波が観測された。

홋카이도에서 오키나와에 이르는 태평양 연안의 넓은 범위에서 해일이 관측되었다.

縄	なわ : 縄 줄・沖縄 〈地名〉 오키나와 〈지명〉
至	シ : 至急 지급
	いた (-る) : 至る 이르다 / 도달하다
範	ハン : 範囲 범위・規範 규범・模範 모범
津	つ : 津波 해일 / 쓰나미

327 **4** 正社員を募集しています。経験の**あるなし**は問いません。

정사원을 모집하고 있습니다. 경험이 있고 없고는 묻지않습니다.

| **あるなし** | 유무 (=有無) |

* 良し悪し 좋고 나쁨
* 善し悪し (=善悪) 선악
* 白黒 흑백
* 損得 손득
* 新旧 신구

328 **3** 子供はテレビから聞こえてくる言葉を、聞いた**そばから**覚えていく。

아이는 텔레비젼에서 들려오는 말을 듣는 즉시 외워간다.

| **Vそばから** | (=Vるとすぐに) |

◆ この子は危ないと注意している**そばから**転んでいる。

이 아이는 위험하다고 주의를 주자마자 넘어지고 있다.

◆ 息子は片付けた**そばから**散らかしていく。

아들은 정리하는 즉시 어질러간다.

329 あの監督は大胆かつ慎重にチームを率いている。

1 しんちょう
2 ちんちょう
3 しんちゅう
4 ちんちゅう

330 受験する際に、日本史、＿＿＿＿＿＿＿世界史を選択してください。

1 もしくは
2 しかも
3 なおさら
4 ゆえに

331 法律で使用を禁じられている薬を使うなど、医師にある＿＿＿＿＿＿＿行為だ。

1 まじき
2 える
3 がたい
4 べき

정답

329

1 あの監督は大胆かつ**慎重**にチームを率いている。

저 감독은 대담하고 또한 신중하게 팀을 통솔하고 있다.

문자

監	カン：監督 감독・監視する 감시하다
督	トク：監督 감독
胆	タン：大胆な 대담한
慎	シン：慎重な 신중한　つつし(-む)：慎む 삼가다

330

1 受験する際に、日本史、**もしくは**世界史を選択してください。

입학 시험을 볼 때 일본사 또는 세계사를 선택해 주십시오.

어휘

もしくは	혹은 (= あるいは) / 또는
しかも	더구나
なおさら	더욱더
ゆえに	때문에 (= したがって)

331

1 法律で使用を禁じられている薬を使うなど、医師にある**まじき**行為だ。

법률로 사용이 금지된 약을 쓰는 등 의사로서는 있을 수 없는 행위다.

문법

N₁ にあるまじき N₂　**N₁ としてあるまじき N₂**

(= N₁ にあってはいけない N₂)　＊N₂ ＝행위・태도・발언 등

◆ 大臣に**あるまじき**発言が世界中に流れた。

장관에게 있어서는 안 될 발언이 전 세계에 퍼졌다.

◆ 成人式で酒を飲んで暴れるなんて、社会人と**してあるまじき**行為だ。

성인식에서 술을 마시고 날뛰는 것은 사회인으로서 있을 수 없는 행위다.

문제

332 母は炊事も洗濯も裁縫も文句のつけようがないが、<u>唯一</u>掃除が苦手だ。

1 ゆいいち
2 ゆういつ
3 ゆいいつ
4 ゆういち

28 □□□

333 遅刻した者は棄権したものと_____。

1 みなす
2 みだす
3 とがめる
4 とどめる

28 □□□

334 長年の研究が評価され、感激の_____です。

1 極まり
2 限り
3 皮切り
4 至り

28 □□□

정답

332

3 母は炊事も洗濯も裁縫も文句のつけようがないが、<u>唯一</u>掃除が苦手だ。

엄마는 취사도 세탁도 재봉도 흠잡을 데가 없지만 유일하게 청소를 잘 못한다.

문자

炊	スイ : 炊事 취사　た(-く) : 炊く 밥을 짓다
縫	ホウ : 裁縫 재봉　ぬ(-う) : 縫う 꿰매다・縫い物 바느질감
句	ク : 句 구・文句 불평・句読点 구두점・俳句 하이쿠
唯	ユイ : 唯一 유일　*「ゆいつ」라고도 한다

333

1 遅刻した者は棄権したものと<u>みなす</u>。

지각한 사람은 기권한 것으로 간주한다.

어휘

みなす	간주하다
乱す	(みだす) 어지럽히다
とがめる	책망하다
留める	(とどめる) 멈추다

334

4 長年の研究が評価され、感激の<u>至り</u>です。　**OK** 感激の極み

오랫동안의 연구가 평가를 받아 감격의 극치입니다.

문법

Nの至り **Nの極み** （＝非常にNだ） *강조의 정도가 격렬하다

◆このような賞を頂き、<u>光栄の至り</u>です。

이런 상을 받게 되어 매우 영광입니다.

◆医師として彼を救えなかったことは<u>痛恨の極み</u>です。

의사로서 그를 구하지 못했던 것은 통한의 극치입니다.

문제

335 平均寿命世界一を<u>誇る</u>国はどこでしょう。

1　おとる
2　しばる
3　ほこる
4　いばる

336 毎日の＿＿＿＿をこなすのが精一杯で、なかなか新しいことに挑戦できない。

1　コントロール
2　ルール
3　ノルマ
4　タイミング

337 信じていた人に裏切られた人が人間不信になるというのは、想像に＿＿＿＿。

1　かたくない
2　かたい
3　たえない
4　たえる

정답

335 **3** 平均寿命世界一を**誇る**国はどこでしょう。

평균 수명 세계 1 위를 자랑하는 나라는 어디 일까요.

|寿| ジュ：寿命 수명
|誇| コ：誇張する 과장하다
　　ほこ (-る)：誇る 자랑하다・誇り 자랑
|劣| レツ：優劣 우열・劣等感 열등감
　　おと (-る)：劣る 뒤떨어지다
|縛| バク：束縛する 속박하다
　　しば (-る)：縛る 묶다

336 **3** 毎日の**ノルマ**をこなすのが精一杯で、なかなか新しいことに挑戦できない。

매일 할당량을 처리하기가 고작이라 좀처럼 새로운 것에 도전을 못 한다.

ノルマ	할당량
コントロール	컨트롤
ルール	규칙
タイミング	타이밍

337 **1** 信じていた人に裏切られた人が人間不信になるというのは、**想像に難くない**。

믿고 있던 사람에게 배신당한 사람이 인간불신이 되는 것은 상상하기 어렵지 않다.

| **~に難くない** | （＝簡単に~できる） ＊「想像に難くない」가 자주 사용됨

◆突然の不幸に見舞われて、彼女がどんなに困窮したかは想像に難くない。
갑작스런 불행이 닥쳐 그녀가 얼마나 곤궁했는지는 상상하기 어렵지 않다.

338 その広告は<u>甚だしい</u>誇張や商品の紛らわしい名称を是正すべきだ。

1　あわただしい
2　はなはだしい
3　おびただしい
4　はらただしい

339 君と僕の意見は同じように聞こえるが、ちょっと＿＿＿＿が違う。

1　シナリオ
2　ニュアンス
3　フレーズ
4　ヒント

340 ローンの返済が不能となり、土地と建物の売却を余儀なく＿＿＿＿。

1　させた
2　なった
3　された
4　した

정답

338 **2** その広告は<u>甚だしい</u>誇張や商品の紛らわしい名称を是正すべきだ。

그 광고는 심한 과장과 상품의 헷갈리기 쉬운 명칭을 시정해야 한다.

甚	はなは (-だ/-だしい) : 甚だ 매우・甚だしい 심하다
紛	フン : 紛争 분쟁・紛失する 분실하다
	まぎ (-れる/-らわしい) : 紛れる 혼동되다・紛らわしい 헷갈리다
称	ショウ : 称する 칭하다・名称 명칭・対称 대칭
是	ゼ : 是正する 시정하다

339 **2** 君と僕の意見は同じように聞こえるが、ちょっと<u>ニュアンス</u>が違う。

너와 나의 의견은 같은 것처럼 들리지만 조금 뉘앙스가 다르다.

ニュアンス	뉘앙스
シナリオ	시나리오
フレーズ	구(句)
ヒント	힌트

340 **3** ローンの返済が不能となり、土地と建物の売却を余儀なく<u>された</u>。

모기지 대출 상환이 불가능해져 토지와 건물의 매각은 어쩔 수 없었다.

Nを余儀なくされる (＝(ほかに方法がなく)、Nという状況になる)

◆ メンバーが事件を起こしたため、グループは解散**を余儀なくされた**。

멤버가 사건을 일으켜서 그룹은 해산을 피할 수 없게 되었다.

◆ 建物の老朽化で移転**を余儀なくされた**。

건물의 노후화로 이전할 수 밖에 없게 되었다.

206

문제

7 일째 **제 3 주**

341 住民は市に対して、苦情を<u>訴えた</u>。→ 305

1　となえた　　　　2　うったえた

1 ☐☐☐

342 車や機械は、点検を<u>怠る</u>と、大きな事故につながる。→ 254

1　おこたる　　　　2　さぼる

2 ☐☐☐

343 ＿＿＿＿言った僕の言葉が、友人を傷つけたらしい。→ 270

1　申し訳なく　　　2　何気なく

1 ☐☐☐

344 高速道路は、現在、雨で最高速度80キロに＿＿＿＿されている。→ 315

1　拘束　　　　　　2　規制

2 ☐☐☐

345 あの悲しい物語を読むと、涙を＿＿＿＿。→ 286

1　余儀なくされる　2　禁じ得ない

1 ☐☐☐

346 先生のような方にお目にかかれて、光栄の＿＿＿＿です。→ 334

1　至り　　　　　　2　限り

2 ☐☐☐

문자 / 어휘 / 문법

문제

347 姉の料理もおいしいが、やはり母の料理には<u>劣る</u>。

1　おちる　　　　　2　おとる

3 □□□

348 この二つの言葉には<u>微妙</u>な意味の違いがある。

1　びみょう　　　　2　みみょう

4 □□□

349 友人の_____に満ちた手紙に、涙がこぼれた。

1　思いやり　　　　2　愛想

3 □□□

350 犯罪_____へのご協力をお願いいたします。

1　捜査　　　　　　2　審査

4 □□□

351 彼らは吹雪_____、救助に向かった。

1　をものともせずに　2　のそばから

3 □□□

352 バイクは渋滞_____、すいすいと走った。

1　をよそに　　　　2　をもって

4 □□□

7 일째 **제 3 주**

353 世界のあちこちで今も<u>紛争</u>が起きている。→

1 とうそう 　　　2 ふんそう

5 □□□

354 彼の借金は膨大な額に<u>膨れ上がった</u>。→

1 ふくれあがった 　　　2 はれあがった

6 □□□

355 市役所には、省エネを＿＿＿＿＿＿ポスターがたくさん貼られている。→

1 従う 　　　2 促す

5 □□□

356 私の失敗は明らかだったが、だれからも＿＿＿＿＿＿ことはなかった。→

1 とがめられる 　　　2 みだされる

6 □□□

357 あの留学生は、漢字＿＿＿＿＿＿、ひらがなも書けない。→

1 ですら 　　　2 はおろか

5 □□□

358 彼は遅刻してきた上に、居眠りを始める＿＿＿＿＿＿。→

1 始末だ 　　　2 極みだ

6 □□□

앞 페이지 정답　347 2　348 1　349 1　350 1　351 1　352 1

문제

359 毎日同じ物では飽きるでしょう。→254

1 あきる　　　2 つきる

360 文脈から意味を理解する。→263

1 ぶんみゃく　　　2 ぶんぱ

361 若い頃はお金がなく、＿＿＿＿暮らしをしていました。→294

1 質素な　　　2 素直な

362 伝えられた情報のみで物事の＿＿＿＿を判断するのは、危険だ。→327

1 良き悪し　　　2 良し悪し

363 新しい店長は、前の店長＿＿＿＿厳しい。→316

1 にもまして　　　2 をおいて

364 この服はデザイン＿＿＿＿、着心地もいい。→307

1 もさることながら　　　2 にひきかえ

365 さっきから怪しい人がうろうろしている。

1 けわしい　　2 あやしい

366 恥ずかしくて、穴があったら入りたい気持ちだ。

1 あな　　2 わな

367 彼は_____言っているだけだろうと思っていたが、本当に事態は深刻だった。

1 大げさに　　2 はるかに

368 地震などの災害に_____、日頃から生活に必要なものをまとめておきましょう。

1 携えて　　2 備えて

369 酒酔い運転をするなんて、警官に_____行為だ。

1 あるまじき　　2 べからざる

370 裕福に見えない客に対して、その店員は近寄るなと_____ばかりの冷たい態度だった。

1 言おう　　2 言わん

문제

371 もはやリストラは<u>避けられない</u>だろう。

1 ゆけられない　　2 さけられない

372 <u>臨時</u>列車を運行します。

1 じんじ　　2 りんじ

373 この寺は質素だが、＿＿＿＿雰囲気が感じられる。

1 おごそかな　　2 おろそかな

374 ここではよく使われる＿＿＿＿を丸ごと暗記する学習方法を提供しています。

1 フレーズ　　2 ルール

375 子供たちはきれいに掃除＿＿＿＿汚す。

1 したそばから　　2 せずじまいに

제 4 주

- 6일째까지 마친 후 정답 수를 세어 기록합시다.
- 정답 수가 적은 분야가 있으면 다시 한 번 푼 후에 7일째로 나아갑시다.
- 7일째는 복습입니다. 다 마친 후 정답 수를 적고, 학습 효과를 확인합시다.

문자

	1~6일째	7일째 (복습)
1회차	/ 30 문제	/ 12 문제
2회차	/ 30 문제	/ 12 문제
3회차	/ 30 문제	/ 12 문제

어휘

	1~6일째	7일째 (복습)
1회차	/ 30 문제	/ 12 문제
2회차	/ 30 문제	/ 12 문제
3회차	/ 30 문제	/ 12 문제

문법

	1~6일째	7일째 (복습)
1회차	/ 30 문제	/ 11 문제
2회차	/ 30 문제	/ 11 문제
3회차	/ 30 문제	/ 11 문제

앞 페이지 정답   371 2   372 2   373 1   374 1   375 1

문자

_____ のことばに対し、漢字をひらがなに直して、正しいものを選択肢から選びなさい。

_____ 의 단어에 대해 한자를 히라가나로 고치고 바른 것을 선택지에서 고르시오.

어휘

_____ のところに何を入れたらよいか。いちばん適当なものを選択肢から一つ選びなさい。

_____ 에 무엇을 넣으면 좋은지 가장 적당한 것을 선택지에서 하나 고르시오.

문법

_____ のところに何を入れたらよいか。いちばん適当なものを選択肢から一つ選びなさい。

_____ 에 무엇을 넣으면 좋은지 가장 적당한 것을 선택지에서 하나 고르시오.

문제

제 4 주   1 일째

376 例に<u>倣って</u>文を完成させなさい。

1. ならって
2. めぐって
3. ともなって
4. したがって

문자

1 ☐☐☐

377 ＿＿＿＿一度の失敗くらいで、くよくよするな。

1. まして
2. むろん
3. なおさら
4. たかが

어휘

1 ☐☐☐

378 やっと帰れるかと＿＿＿＿、急ぎの仕事が入ってしまった。

1. 思うにもまして
2. 思わんばかりに
3. 思ったが最後
4. 思いきや

문법

1 ☐☐☐

정답

376

1 例に<u>倣って</u>文を完成させなさい。

예에 따라 문장을 완성시키시오.

倣	ホウ：模倣する 모방하다　**なら**(-う)：倣う 모방하다 / 따르다
巡	ジュン：巡査 순경　**めぐ**(-る)：巡る 돌다 / 순회하다
伴	ハン：同伴する 동반하다　バン：伴奏 반주

ともな(-う)：伴う 함께 하다

| 従 | ジュウ：従業員 종업원・従事する 종사하다 |

したが(-う)：従う 따르다

377

4 <u>たかが</u>一度の失敗くらいで、くよくよするな。

고작 한 번 실패한 정도로 끙끙 앓지 마라.

たかが	겨우
ましてや	하물며
むろん	물론 (＝もちろん)
なおさら	게다가 (＝ますます)

378

4 やっと帰れるかと<u>思いきや</u>、急ぎの仕事が入ってしまった。

간신히 귀가할 수 있다고 생각했더니 급한 일이 들어와버렸다.

~(か)と思いきや　（＝～(か)と思ったけれど）

◆ 問題は解決した<u>かと思いきや</u>、また新たな問題が見つかった。

문제는 해결되었다고 생각했더니 또 새로운 문제가 발견되었다.

◆ 電車に間に合って<u>一安心と思いきや</u>、信号故障で電車はなかなか動かなかった。

전철에 늦지 않아 한시름 놓았더니 신호고장으로 전철이 좀처럼 움직이지 않았다.

문제

1 일째 **제 4 주**

379 幕の内弁当には、<u>煮物</u>、揚げ物、漬け物などいろんなおかずが詰まっている。

1　ねもの
2　にもの
3　ひもの
4　いもの

문자

2 □□□

380 ずっと憧れていた先輩に自分の思いを_____した。

1　報知
2　予告
3　告知
4　告白

어휘

2 □□□

381 彼は熱があるので今日は欠席する_____です。

1　という
2　こと
3　もの
4　とのこと

문법

2 □□□

정답

379 2 幕の内弁当には、**煮物**、**揚げ物**、**漬け物**などいろんなおかずが詰まっている。

마쿠노우치 도시락에는 조림, 튀김, 절임 등의 여러 가지 반찬이 담겨 있다.

| 幕 | マク : 幕 장막 / 막
幕の内弁当 마쿠노우치 도시락 (일본의 근대에 연극 관람의 막간에 먹었던 주먹밥과 반찬을 곁들인 도시락) |

煮	に (-える /-る) : 煮える 삶아지다・煮る 익히다 / 삶다・煮物 조림
揚	あ (-げる) : 揚げる 튀기다・揚げ物 튀김
漬	つ (-ける) : 漬ける 담그다 / 절이다・漬け物 절임

380 4 ずっと憧れていた先輩に自分の思いを**告白**した。

계속 동경하고 있었던 선배에게 내 마음을 고백했다.

告白する	(こくはくする) 고백하다
予告する	(よこくする) 예고하다
告知する	(こくちする) 알리다

◆癌を**告知する** 암을 선고하다

381 4 彼は熱があるので今日は欠席する**とのこと**です。

그는 열이 있어서 오늘은 결석한다고 합니다.

| **~とのことだ** | (=~ということだ) *전언 등 |

◆連絡があって、15分ほど遅れる**とのことだ**。
연락이 와서 15분 정도 늦는다고 합니다.

| **~とのN** | (=~というN) |

◆15分ほど遅れる**との**連絡があった。
15분 정도 늦을 거라는 연락이 있었다.

문제

1일째 제4주

382 ようやく暑さも<u>峠</u>を越したようだ。

1 みさき
2 おか
3 とうげ
4 たき

문자

3 ☐☐☐

383 ワイシャツを肌に_____着たせいか、体がかゆくてたまらない。

1 ぴたりと
2 かさねて
3 やけに
4 じかに

어휘

3 ☐☐☐

384 娘は作文を_____消し、なかなかできあがらないようだ。

1 書いては
2 書いたり
3 書くし
4 書きがてら

문법

3 ☐☐☐

정답

382

3 ようやく暑さも峠を越したようだ。

드디어 더위도 한풀 꺾인것 같다.

- 峠 **とうげ**: 峠 산마루 / 고개
- 岬 **みさき**: 岬 갑 / 곶
- 丘 **キュウ**: 砂丘 사구・丘陵 구릉 **おか**: 丘 언덕
- 滝 **たき**: 滝 폭포

383

4 ワイシャツを肌に**直に**着たせいか、体がかゆくてたまらない。

셔츠를 맨살에 바로 입은 탓인지 몸이 가려워 견딜 수 없다.

- **直に** (じかに) 바로
- **ぴたりと** 딱 맞게
- **重ねる** (かさねる) 겹치다
- **やけに** 몹시

384

1 娘は作文を**書いては**消し、なかなかできあがらないようだ。

딸은 작문을 썼다가는 지우고 좀처럼 완성되지 않는 것 같다.

V₁ ては V₂   *반복하는 모습을 나타낸다

◆彼女はさっきからバッグから携帯を出してはしまい、落ち着かない様子だ。

그녀는 아까부터 가방에서 휴대전화를 꺼내서는 집어넣고 안절부절하지 못하는 모습이다.

◆正月は食っちゃ寝、食っちゃ寝していた。(＝食っては寝～)

설날은 먹고 자고 먹고 자곤 했다.

문제　　　　　　　　　　　　　1일째　제4주

385 大勢の犠牲者が出た、その悲惨な航空機墜落事故は、記憶に新しい。

1　ていらく
2　すいらく
3　たいらく
4　ついらく

4 ☐☐☐

386 夕日に_____山がとてもきれいに見えました。

1　はえて
2　にじんで
3　ぼけて
4　ぶれて

4 ☐☐☐

387 A「何ですか、この成績は。ちゃんと勉強しているんですか。」
　　B「_____つもりですが…。」

1　する
2　している
3　しない
4　していない

4 ☐☐☐

정답

385 **4** 大勢の<u>犠牲</u>者が出た、その<u>悲惨</u>な航空機<u>墜落</u>事故は、<u>記憶</u>に新しい。

많은 희생자가 나온 그 비참한 항공기 추락 사고는 기억에 새롭다.

문자

牲	**セイ**: 犠牲 희생
惨	**サン**: 悲惨な 비참한　**みじ(-め)**: 惨めな 비참함
墜	**ツイ**: 墜落する 추락하다
憶	**オク**: 記憶する 기억하다

---

386 **1** 夕日に<u>映えて</u>山がとてもきれいに見えました。

석양에 비치어 산이 아주 아름답게 보였습니다.

어휘

映える	(はえる) (빛을 받아) 비치다
にじむ	번지다
ぼける	흐릿해지다
ぶれる	흔들리다

---

387 **2** A「何ですか、この成績は。ちゃんと勉強しているんですか。」
　　　B「**している**つもりですが…。」

A「뭡니까, 이 성적은. 제대로 공부하고 있는 겁니까?」　B「한다고 하는데….」

문법

~つもりだが… ／ **~つもりだったが…**　＊의지와 사실이 다르다

◆若いつもり、元気なつもりだったが、年には勝てなかった。
　젊다고 생각하고 건강하다고 생각했지만 나이는 어쩔 수 없었다.

◆冗談の<u>つもりだったのに</u>怒らせた。
　농담하려고 했는데 화나게 했다.

Vたつもりで　（= Vたことにして）

◆買ったつもりで貯金する。　산 셈으로 하고 저금한다.

문제

1일째 **제4주**

388 山で熊に襲われそうになった。

1　おそわれそう
2　うばわれそう
3　さそわれそう
4　かばわれそう

문자

5 ☐☐☐

389 赤ちゃんの笑顔を見ていると、心が＿＿＿＿。

1　励む
2　和む
3　優れる
4　打たれる

어휘

5 ☐☐☐

390 お客さん＿＿＿＿、希望に添えないとは言いにくかった。

1　の手前
2　のそばから
3　をよそに
4　をものともせず

문법

5 ☐☐☐

정답

388

1 山で熊に**襲われそう**になった。

산에서 곰에게 습격 당할 뻔 했다.

- 熊 **くま**:熊 곰・熊本県 구마모토현
- 襲 **シュウ**:襲撃する 습격하다 **おそ**(-う):襲う 덮치다
- 奪 **ダツ**:略奪する 약탈하다 **うば**(-う):奪う 빼앗다
- 誘 **ユウ**:勧誘する 권유하다・誘導する 유도하다・誘惑する 유혹하다
  さそ(-う):誘う 권유하다

389

2 赤ちゃんの笑顔を見ていると、心が**和む**。

아기의 웃는 얼굴을 보고 있으면 마음이 온화해진다.

和む	(なごむ) 온화해지다
励む	(はげむ) 힘쓰다
優れる	(すぐれる) 뛰어나다
心が打たれる	(こころがうたれる) 감동하다 (＝感動する)

390

1 お客さん**の手前**、希望に添えないとは言いにくかった。

손님 앞에서는 원하시는대로 해 줄수 없다고 말하기가 어려웠다.

Nの手前 | **Vた手前**　＊입장이나 그 상황에서는

- ◆ <u>学生たちの手前</u>、教師ができないとは言えない。
  학생들 앞에서 교사가 못한다고는 말할 수 없다.

- ◆ 簡単にできる**と言った手前**、手本を見せないわけにはいかなかった。
  간단히 할 수 있다고 말한 체면상 시범을 보이지 않을 수 없었다.

문제

391 購入した家が<u>欠陥</u>住宅だと知った瞬間、我が家の輝く未来は砕け散った。

1　けっかん
2　けっそん
3　けつぼう
4　けつじょ

392 最近ゲームに熱中しすぎて、勉強が_____になっている。

1　かすか
2　緩やか
3　大まか
4　おろそか

393 A「素敵なヴァイオリンね。ちょっと弾いて_____。」
B「今、練習中だから、また今度ね。」

1　みせて
2　みるね
3　聞こえて
4　聞かれて

정답

391

1 購入した家が**欠陥**住宅だと知った瞬間、我が家の輝く未来は砕け散った。

구입한 집이 결함 주택이라고 안 순간 우리집의 빛나는 미래는 산산이 부서졌다.

陥	**カン** : 欠陥 결함
瞬	**シュン** : 瞬間 순간 · 一瞬 일순
輝	**かがや** (-く) : 輝く 빛나다
砕	**くだ** (-ける/-く) : 砕ける 부서지다 · 砕く 부수다

392

4 最近ゲームに熱中しすぎて、勉強が**おろそか**になっている。

최근 게임에 너무 열중해 버려서 공부를 소홀히 하고 있다.

おろそかな	소홀하다
かすかな	어렴풋한
緩やかな	(ゆるやかな) 완만한
大まかな	(おおまかな) 대충

393

1 A「素敵なヴァイオリンね。ちょっと弾いて**みせて**。」

B「今、練習中だから、また今度ね。」

OK 弾いてみて／弾いて聞かせて

A「멋진 바이올린이네요. 조금 켜 보세요」 B「지금 연습 중이니까, 다음에요.」

V てみせる

◆ 今度こそ日本語能力試験 N1 に合格**してみせる**。

이번에야말로 일본어능력시험 N1 에 합격해 보이겠다.

◆ その調理器具、どうやって使うの？　ちょっと**やってみせて**。

그 조리기구 어떻게 쓰지? 좀 해 봐.

394 これくらいの染みなら、しばらく漂白剤に<u>浸して</u>おけば落ちるでしょう。

1　おかして
2　ふたして
3　ひたして
4　つぶして

395 彼はギャンブルに_____、会社をクビになった。

1　かたよって
2　はまって
3　つきて
4　そまって

396 気象庁の3ヶ月予報によると、関東地方の気温は平年_____だそうです。

1　ずくめ
2　めく
3　まみれ
4　なみ

정답

394 **3** これくらいの染みなら、しばらく漂白剤に浸しておけば落ちるでしょう。

이 정도의 얼룩이라면 잠시 표백제에 담가두면 없어질 것입니다.

|染| セン: 伝染 전염・汚染 오염・感染する 감염하다
し (-みる/-み): 染みる 스며들다・染み 물듦
そ (-まる/-める): 染まる 젖다/물들다・染める 물들이다

|漂| ヒョウ: 漂白する 표백하다 ただよ (-う): 漂う 떠돌다

|浸| ひた (-す): 浸す 담그다 つ (-ける): 浸ける 잠그다/담그다

|侵| シン: 侵入 침입・侵略 침략 おか (-す): 侵す 침범하다

---

395 **2** 彼はギャンブルに**はまって**、会社をクビになった。

그는 도박에 빠져서 회사에서 해고되었다.

|はまる| (깊은 곳에) 빠지다 (=夢中になる/熱中する)

|偏る| (かたよる) 치우치다

|尽きる| (つきる) (어떤 것이) 다하다/진하다/끝나다

|染まる| (そまる) 물들다

---

396 **4** 気象庁の3ヶ月予報によると、関東地方の気温は平年**並み**だそうです。

기상청의 3개월간 예보에 따르면 관동 지방의 기온은 평년치 정도라고 합니다.

|N 並み| (=Nとほとんど同じ)

◆彼のテニスの腕前はプロ並みです。

그의 테니스 솜씨는 프로 수준입니다.

◆お金持ちにならなくてもいいが、人並みの生活ができるくらいの給料は欲しい。

부자가 안되어도 좋지만 남들처럼 생활할 수 있을 정도의 월급은 원한다.

397 この二つの国を隔てている垣根を取り払うことに貢献したい。

1 ひだてている
2 はだてている
3 へだてている
4 ほだてている

398 息子さんがいい大学に受かって、ご両親は_____お喜びでしょう。

1 さぞ
2 いかに
3 もろに
4 ひたすら

399 何度も落ちていますが、今度_____今度は面接試験に受かってみせます。

1 という
2 こそ
3 といい
4 にまして

정답

397 **3** この二つの国を**隔てている**垣根を取り払うことに貢献したい。

이 두나라 사이를 가로막는 장벽을 제거하는 일에 공헌하고 싶다.

隔	カク：隔週 격주
	へだ(-たる/-てる)：隔たる 떨어지다・隔てる 가로막다
垣	かき：垣 울타리・垣根 울타리 / 장벽
貢	コウ：貢献する 공헌하다
献	ケン：文献 문헌
	コン：献立 식단 / 메뉴

398 **1** 息子さんがいい大学に受かって、ご両親は**さぞ**お喜びでしょう。

아드님이 좋은 대학에 붙어서 부모님은 무척 기쁘시겠지요.

さぞ	필시 / 작히 / 오죽（＝さぞかし）＊강조를 나타낸다
いかに	아무리
もろに	완전히
ひたすら	오로지

399 **1** 何度も落ちていますが、今度**という**今度は面接試験に受かってみせます。

몇번이나 떨어졌습니다만 이번에야 말로 면접 시험에 합격해 보이겠습니다.

N という N （＝ほとんど全部の N ／ N こそ） ＊ N 을 강조

◆彼は自分の部屋の壁**という**壁に好きな芸能人のポスターを貼っている。

그는 자신의 방의 벽이라는 벽에 좋아하는 연예인의 포스터를 붙이고 있다.

◆今日**という**今日は借金を払ってもらいますよ。(＝今日こそ、今日は絶対に)

오늘이야 말로 빚을 갚아 주셔야 합니다.

문제　2 일째　제4주

400 大晦日に、百八つの鐘を聞きながら、年を越します。
　　　おお　みそか

1　すず
2　かね
3　こと
4　つづみ

9 ☐☐☐

401 昨夜は目が＿＿＿＿、夜中の３時まで眠れなかった。

1　かすんで
2　さえて
3　かさんで
4　むせて

9 ☐☐☐

402 A「もうこの店には二度と来ないよ。」
　　　B「そうだね、高いのにまずくて、おまけに店員が
　　　　　無愛想＿＿＿＿。」

1　始末だ
2　ときている
3　に難くない
4　でなくてなんだろう

9 ☐☐☐

정답

400 **2** 大晦日に、百八つの鐘を聞きながら、年を越します。

섣달 그믐날에 108 번의 종소리를 들으면서 새해를 맞이합니다.

鐘	かね：鐘 종・釣り鐘 범종
鈴	すず：鈴 방울
琴	こと：琴 거문고
鼓	コ：太鼓 북
	つづみ：鼓 장구

401 **2** 昨夜は目が<u>さえて</u>、夜中の３時まで眠れなかった。

어젯밤은 잠이 안 와서 한밤중 3 시까지 잠을 못 잤다.

さえる	◆目がさえる 잠이 안 오다
かすむ	흐릿하게 보이다
かさむ	(분량이) 늘다
むせる	사레들리다

402 **2** A「もうこの店には二度と来ないよ。」

B「そうだね、高いのにまずくて、おまけに店員が無愛想<u>ときている</u>。」 A「이제 이 가게에는 두 번 다시 오지 않을거야.」

B「그래, 값도 비싸면서 맛도 없고 게다가 점원이 너무 상냥치 못한 태도야.」

~とくると **~ときては** **~ときている**   ＊~를 강조

◆スポーツも勉強もできて<u>ハンサム</u>**とくると／ときては**、もてるわけだ。

  스포츠도 공부도 잘하는데다 핸섬해서 인기가 있는 것이다.

◆<u>安くておいしい</u>**ときている**から、この店は並ばないと入れない。

  싸고 맛있기 때문에 이 가게는 줄 서지 않으면 들어갈 수 없다.

문제

2 일째 제4주

403 恩師に宛てた少年の遺書はノートに鉛筆で書かれていた。

1　ちょしょ
2　いしょ
3　きしょ
4　けんしょ

문자

10 ☐☐☐

404 平日は忙しくてできないので休日は＿＿＿＿掃除や洗濯などの家事をしています。

1　もっぱら
2　やたらと
3　とりわけ
4　もろに

어휘

10 ☐☐☐

405 就職活動の時期＿＿＿＿、リクルートスーツの若い人たちの姿が目立つようになった。

1　とばかりに
2　とみえて
3　ともなしに
4　とはいえ

문법

10 ☐☐☐

정답

403 **2** 恩師に宛てた少年の遺書はノートに鉛筆で書かれていた。

은사에게 보내진 소년의 유서는 노트에 연필로 적혀 있었다.

恩	**オン**：恩 은혜・恩恵 은혜・恩師 은사
宛	**あ(-てる)**：宛てる ~ 앞으로 보내다・宛名 수신인명・宛先 수신인
遺	**イ**：遺族 유족・遺書 유서　**ユイ**：遺言 유언　＊「いごん」라고도 읽는다
鉛	**エン**：鉛筆 연필　**なまり**：鉛 납

404 **1** 平日は忙しくてできないので休日は**もっぱら**掃除や洗濯などの家事をしています。

평일은 바빠서 못하니까 휴일에는 오로지 청소나 빨래 등 집안 일을 하고 있습니다.

もっぱら	오로지
やたらと	쓸데없이 많이
とりわけ	특히 (＝特に)
もろに	정면으로

405 **2** 就職活動の時期**とみえて**、リクルートスーツの若い人たちの姿が目立つようになった。

취직 활동의 시기라서 리크루트 정장의 젊은 사람들 모습이 눈에 띄게 되었다.

~とみえる　(＝~ようだ)

◆ 弟は忙しい**とみえて**、最近ちっとも顔を出さない。
　남동생은 바쁜 것 같은지 최근 조금도 얼굴을 내밀지 않는다.

◆ あんなに新しい職場に行くのを嫌がっていた友人が最近は文句を言わない。どうやら気に入った**とみえる**。　그렇게 새로운 직장에 가는 것을 싫어하던 친구가 요즘은 불평을 하지 않는다. 아무래도 마음에 드는 것 같다.

문제 3 일째 제 4 주

406 この換気扇は、先端技術を駆使し、翼の部分を改良して騒音を小さくした。

1 つぼみ
2 つばめ
3 つぶて
4 つばさ

문자

11 □□□

407 マンションの下の階の人に_____暮らすのは嫌だから、一軒家に引っ越したい。

1 気苦労しながら
2 気兼ねしながら
3 気を引きながら
4 気を利かせながら

어휘

11 □□□

408 今回の火山の噴火は、先の大地震の影響によるもの_____。

1 にはあたらない
2 といったらない
3 を禁じ得ない
4 とみられている

문법

11 □□□

정답

406 **4** この換気扇は、先端技術を駆使し、**翼**の部分を改良して騒音を小さくした。

이 환풍기는 첨단 기술을 구사하여 날개 부분을 개량해서 소음을 줄였다.

| 扇 | セン：扇風機 선풍기・扇子 부채・換気扇 환풍기
| 端 | タン：先端 첨단・極端な 극단적인・途端に 순간적으로
| | はし：端 끝   は：半端な 어중간한・中途半端な 어중간한
| 駆 | ク：駆使する 구사하다・駆除する 구제하다
| | か (-ける)：駆ける 달리다・駆け足 구보・先駆けて 앞장서다
| 翼 | つばさ：翼 날개

407 **2** マンションの下の階の人に**気兼ねしながら**暮らすのは嫌だから、一軒家に引っ越したい。

아파트 아래층 사람에게 신경을 쓰면서 사는 것은 싫으니까 단독 주택으로 이사하고 싶다.

| **気兼ねする** | (きがねする) 신경을 쓰다
| **気苦労** | (きぐろう) 마음고생
| **気を引く** | (きをひく) 관심을 끌다
| **気を利かせる** | (きをきかせる) ＊気が利く (상대의 마음에 들도록) 신경을 쓰다

408 **4** 今回の火山の噴火は、先の大地震の影響によるもの**とみられている**。

이번 화산 분화는 이전의 대지진 영향에 의한 것으로 보인다.

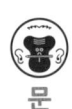

~とみられる （＝~と思われる／~と考えられる）

◆その交渉は難しい局面に達した**とみられる**。
그 교섭은 어려운 국면에 이른 것으로 보인다.

◆それらの事件は同一犯によるもの**とみられている**。
그러한 사건은 동일범에 의한 것이라고 보여지고 있다.

409 書類による審査、選考に通った者に、奨学金を支給します。借り終えたら<u>返還</u>しなければなりません。

1　へんきゃく
2　へんかん
3　へんせん
4　へんさい

410 困っている人を助けたつもりなのに、余計な_____と言われてしまった。

1　いやがらせ
2　おせっかい
3　おっちょこちょい
4　せっかち

411 自分の手に負えない_____、すぐ誰かを頼ろうとするのはよくない。

1　とみると
2　とみえて
3　ときて
4　と思いきや

정답

409 **2** 書類による審査、選考に通った者に、奨学金を支給します。借り終えたら**返還**しなければなりません。

서류에 의한 심사, 전형을 통과한 자에게 장학금을 지급합니다. 빌린 후에는 반환하여야 합니다.

문자

|審| **シン**:審判 심판・審議 심의・審査する 심사하다・不審な 미심쩍은
|奨| **ショウ**:奨学金 장학금・奨励する 장려하다
|還| **カン**:返還する 반환하다・還元する 환원하다
|却| **キャク**:返却する 반환하다

---

410 **2** 困っている人を助けたつもりなのに、余計な**おせっかい**と言われてしまった。

곤경에 빠진 사람을 도왔다고 생각했는데 쓸데없는 참견이라는 말을 들었다.

어휘

おせっかい	참견
嫌がらせ	(いやがらせ) 괴롭힘
おっちょこちょい	덜렁이
せっかち	조급함

---

411 **1** 自分の手に負えない**とみると**、すぐ誰かを頼ろうとするのはよくない。

자신에게 힘겨운 것이라고 알면 바로 누군가에 의지하려는 것은 좋지 않다.

문법

~とみると (=~とわかると)

◆ 健康にいい**とみると**必ず試したくなる。
건강에 좋다고 알면 꼭 시도하고 싶어진다.

◆ 彼は形勢が不利だ**とみると**、態度が一変する。
그는 형세가 불리하다고 알면 태도가 돌변한다.

문제

412 この町は鉄鋼業と共に<u>成熟</u>し、繁栄し、そして衰退した。

1　せいじゅく
2　じょうじゅく
3　せいじょく
4　じょうじょく

413 インフルエンザにかかり、高熱で意識が_____きた。

1　もうろうとして
2　ぼうぜんとして
3　はかなくなって
4　うつろになって

414 この宝石は本物_____偽物_____わからない。

1　とも／とも
2　だの／だの
3　だに／だに
4　なり／なり

정답

412

1 この町は鉄鋼業と共に**成熟**し、繁栄し、そして衰退した。

이 마을은 철강업과 함께 성숙하고 번영하고 그리고 쇠퇴했다.

문자

- 鋼 **コウ**：鉄鋼 철강
- 熟 **ジュク**：成熟する 성숙하다・未熟な 미숙한
- 繁 **ハン**：繁栄する 번영하다・繁盛する 번성하다・頻繁な 빈번한
- 衰 **スイ**：老衰 노쇠・衰退する 쇠퇴하다

  おとろ(-える)：衰える 쇠약해지다

413

1 インフルエンザにかかり、高熱で意識が**もうろうとして**きた。

인플루엔자에 걸려 고열로 의식이 몽롱해 졌다.

어휘

- **もうろう** ◆もうろうとする 몽롱하다
- **ぼうぜん** ◆ぼうぜんとする 어안이 벙벙함
- **はかない** 덧없는
- **うつろな** 멍한

414

1 この宝石は本物**とも**偽物**とも**わからない。

이 보석은 진짜인지 가짜인지 모르겠다.

문법

aともbとも ＊판정이나 결과를 낼 수 없다

◆医療の進歩が人類にとっていい**とも**悪い**とも**言い難い。
  의료의 진보가 인류에 있어 좋다고도 나쁘다고도 말하기 어렵다.

◆この画家の絵は価値がある**とも**ない**とも**素人にはわからない。
  이 화가의 그림은 가치가 있는지 없는지 아마추어는 모른다.

문제

415 虹は光の屈折による発色の現象で、日本では赤、橙、黄、緑、青、藍、紫の7色と考えられている。

1 にじ
2 くじ
3 みじ
4 きじ

416 物価は需要と供給に＿＿＿＿＿＿調節される。

1 重んじて
2 準じて
3 案じて
4 興じて

417 A「断られました。」
B「一度ぐらいで諦めないで何度もお願いすれば、引き受けてもらえない＿＿＿＿＿＿と思うよ。」

1 ことになる
2 始末だ
3 ものでもない
4 ではすまない

정답

415

1 <u>虹</u>は光の<u>屈</u>折による発色の現象で、日本では赤、<u>橙</u>、黄、緑、青、<u>藍</u>、<u>紫</u>の7色と考えられている。

무지개는 빛의 굴절에 의한 발색 현상이며 일본에서는 빨강, 주황, 노랑, 초록, 파랑, 남색, 보라색의 7 색으로 생각하고 있다.

虹	**にじ** : 虹 무지개
屈	**クツ** : 退屈な 따분한・理屈 도리・屈折 굴절
藍	**あい** : 藍 남색
紫	**シ** : 紫外線 자외선 **むらさき** : 紫 보랏빛

416

2 物価は需要と供給に<u>準じて</u>調節される。

물가는 수요와 공급에 따라 조절된다.

準じる	(じゅんじる)	준하다
重んじる	(おもんじる)	중히 여기다
案じる	(あんじる)	걱정하다 / 근심하다 (＝心配する)
興じる	(きょうじる)	흥겨워하다

417

3 A「断られました。」

B「一度ぐらいで諦めないで何度もお願いすれば、引き受けて もらえない**ものでもない**と思うよ。」

A「거절당했습니다.」B「한 번 정도로 포기하지 말고 여러번 부탁하면 받아주지 않지는 않을 거라고 생각해요.」

V ない（もの）でもない　＊V할 가능성이 있다

◆ この仕事は今日中にでき**ないものでもない**。

이 일은 오늘 중으로 못할 건 없다.

◆ 走れば電車に間に合わ**ないでもない**。 뛰면 전철에 늦을 것도 아니다.

문제

418 排水口の<u>水漏れ</u>の原因は汚れと老朽化です。

1　みずだれ
2　みずわれ
3　みずもれ
4　みずがれ

419 今の時期は、道の掃除をしても落ち葉が次から次から落ちてくるので＿＿＿＿がない。

1　きり
2　はり
3　めど
4　けり

420 息子は、昼＿＿＿＿夜＿＿＿＿、一日中ゲームをしていて困ったものだ。

1　にだの / にだの
2　にやら / にやら
3　とあれ / とあれ
4　といわず / といわず

정답

418 **3** 排水口の**水漏れ**の原因は汚れと老朽化です。

배수구의 누수 원인은 오염과 노후화입니다.

排	**ハイ**:排除する 배제하다・排水する 배수하다
漏	**も** (-る/-れる/-らす):漏る 새다・漏れる 새어나오다・漏らす 누설하다
朽	**キュウ**:老朽化 노후화
	く (-ちる):朽ちる 썩다
垂	**スイ**:垂直 수직
	た (-れる):垂れる 늘어지다

---

419 **1** 今の時期は、道の掃除をしても落ち葉が次から次から落ちてくるので**きり**がない。

지금 시기는 길 청소를 해도 낙엽이 계속 떨어지니까 끝이 없다.

きり	◆**きりがない** 끝이 없다
	◆**きりがいい** 끝맺기에 알맞다
はり	탄력 / 활력 ◆**はりがある** 활력이 있다 ◆**はりがない** 활력이 없다
めど	◆**めどが立つ** 목표가 서다
けり	◆**けりがつく** 결말이 나다

---

420 **4** 息子は、**昼といわず夜といわず**、一日中ゲームをしていて困ったものだ。

아들은 밤낮을 가리지 않고 하루 종일 게임을 하고 있어서 큰일이다.

N₁といわずN₂といわず　(=N₁とN₂の区別なく)

◆<u>男性といわず、女性といわず</u>、仕事のストレスを感じている人は多い。

남녀를 불문하고 일의 스트레스를 느끼고 있는 사람은 많다.

◆その店は<u>休日といわず平日といわず</u>常に混んでいる。

그 가게는 휴일, 평일을 가리지 않고 항상 붐빈다.

문제

421 過激組織について首相は「国際<u>秩序</u>を揺るがす脅威だ」と述べた。

1　しつじょ
2　ちつじょ
3　てつじょ
4　いつじょ

422 新しい化粧水を使ったら、肌が_____しまった。

1　しびれて
2　こじれて
3　かぶれて
4　しおれて

423 主婦のアイデア商品が_____売れているそうです。

1　売れに
2　売れは
3　売れや
4　売れも

정답

421 **2** 過激組織について首相は「国際**秩序**を揺るがす**脅威**だ」と述べた。

과격 조직에 대해 총리는 「국제 질서를 뒤흔드는 위협」이라고 말했다.

문자

| 秩 | チツ：秩序 질서
| 序 | ジョ：順序 순서・秩序 질서
| 脅 | キョウ：脅迫する 협박하다
　　おびや(-かす)：脅かす 위협하다
　　おど(-す)：脅す 위협하다　おど(-かす)：脅かす 으르다
| 威 | イ：威力 위력・権威 권위・脅威 위협・猛威 맹위・威張る 뽐내다

---

422 **3** 新しい化粧水を使ったら、肌が**かぶれて**しまった。

새로운 화장수를 사용했더니 피부에 염증이 생겼다.

| **かぶれる** | 피부에 염증이 생기다
　　◆ロックに**かぶれる** 록 음악의 영향을 받아 물들다
| **しびれる** | ◆足が**しびれる** 발이 저리다
| **こじれる** | 뒤틀리다
| **しおれる** | ◆花が**しおれる** 꽃이 시들다

---

423 **1** 主婦のアイデア商品が**売れに**売れているそうです。

주부 아이디어 상품이 날개가 돋친 듯 팔리고 있다고 합니다.

문법

| **VにVて** | (=よくVて)

◆考え**に**考え**て**出した結論です。 생각하고 생각해서 낸 결론입니다.

| **NにNを重ねて** | (=次々とVて)

◆この製品は研究**に**研究**を重ねて**開発した。
이 제품은 연구에 연구를 거듭해 개발했다.

| **N₁やN₂** | (=N₁かN₂ぐらい) ＊N=수량

◆2年**や**3年練習したってうまくはならない。
2년이나 3년을 연습했다고 해서 잘 할 수는 없다.

424 ゆで卵は水からではなく<u>沸騰</u>したお湯に入れると簡単に作れるそうです。

1　ぼっとう
2　ふっとう
3　けんとう
4　ふんとう

425 その案についてのアンケートを取ったら、＿＿＿＿反対意見が多かった。

1　断然的に
2　極端的に
3　猛烈的に
4　圧倒的に

426 A「先輩、こんな美味しいもの、生まれて初めて食べました。」
B「僕に＿＿＿＿、こんなのは普通だよ。」

1　ひきかえ
2　言わせれば
3　ですら
4　じゃあるまいし

정답

424 **2** ゆで卵は水からではなく**沸騰**したお湯に入れると簡単に作れるそうです。

삶은 달걀은 물에서가 아니라 끓는 물에 넣으면 간단하게 만들 수 있다고 합니다.

騰	**トウ**：沸騰する 비등하다・高騰する 급등하다
没	**ボツ**：没頭する 몰두하다・没収する 몰수하다・沈没する 침몰하다
討	**トウ**：検討する 검토하다・討論 토론・討議 토의
闘	**トウ**：闘争 투쟁・戦闘 전투・奮闘する 분투하다・健闘する 건투하다

---

425 **4** その案についてのアンケートを取ったら、**圧倒的に**反対意見が多かった。

그 안건에 대해 앙케트를 실시했더니 압도적으로 반대 의견이 많았다.

圧倒的な	(あっとうてきな) 압도적으로
断然	(だんぜん) 단연코
極端な	(きょくたんな) 극단적인
猛烈な	(もうれつな) 맹렬한

---

426 **2** A「先輩、こんな美味しいもの、生まれて初めて食べました。」
B「僕に**言わせれば**、こんなのは普通だよ。」

A「선배, 이렇게 맛있는 것은 난생 처음 먹었습니다.」
B「내가 보기에는 이런 것은 보통이야.」

| **Nに言わせれば** | **Nから言わせれば** | （＝N의 의견으로는） |

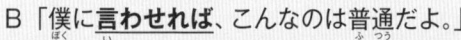

◆ 専門家に**言わせれば**、それはあり得ないことではないらしい。
　전문가가 보기엔 그것은 있을 수 없는 것은 아닌 것 같다는데.

◆ 80歳の人から**言わせれば** 50歳なんてまだまだ若い。
　80세가 보기엔 50세는 아직 젊다.

427 新幹線鉄道開業50周年記念貨幣が発行される。それの<u>取り扱い</u>金融機関を調べる。

1 とりあつかい
2 とりはからい
3 とりつかい
4 とりはらい

428 見通しの悪いこの交差点では、特に安全運転を_____。

1 心得ましょう
2 心がけましょう
3 志しましょう
4 こだわりましょう

429 家は駅に近ければ近い_____、うちの場合、それ以上に間取りが問題だ。

1 のはおろか
2 のもさることながら
3 といえども
4 に越したことはないが

정답

427

1 新幹線鉄道開業50周年記念貨幣が発行される。それの**取り扱い**金融機関を調べる。

신칸센 철도 개업 50주년 기념주화가 발행된다. 그것을 취급하는 금융 기관을 알아본다.

幹	**カン**：新幹線 신칸센・幹部 간부　**みき**：幹 줄기
幣	**ヘイ**：紙幣 지폐・貨幣 화폐
扱	**あつか**(-う)：扱う 다루다・取り扱う 보살피다／처리하다
融	**ユウ**：金融 금융・融資する 융자하다

428

2 見通しの悪いこの交差点では、特に安全運転を**心がけましょう**。

시야가 좋지 않은 교차로에서는 특히 안전 운전에 유의합시다.

心がける	(こころがける) 유의하다
心得る	(こころえる) 알고 있다
志す	(こころざす) 뜻을 두다
こだわる	구애되다

429

4 家は駅に近ければ近い**に越したことはないが**、うちの場合、それ以上に間取りが問題だ。

집은 역에 가까우면 가까울수록 좋지만 우리집의 경우는 그보다 방 배치가 문제다.

~に越したことはない　(＝もちろん~のほうがいい)

◆お金はある**に越したことはない**が、もっと大事なこともあるだろう。

돈은 있으면 있을수록 좋지만 더 중요한 것도 있을 것이다.

◆レポートの提出は早ければ早い**に越したことはない**。

리포트 제출은 빠르면 빠를수록 좋다.

문제

430 海外の独立選挙の投票所の様子をテレビで<u>中継</u>していた。

1　じゅうけい
2　ちゅうけい
3　じゅけい
4　ちゅけい

19 ☐☐☐

431 その保育士は、泣きわめいている赤ちゃんをなんとか＿＿＿＿＿＿＿とした。

1　なだめよう
2　いたわろう
3　かばおう
4　しつけよう

19 ☐☐☐

432 彼女は自分で習う＿＿＿＿＿＿＿、人にも習ったことを教えるようになった。

1　ながらに
2　ことなしに
3　と相まって
4　にとどまらず

19 ☐☐☐

정답

430 **2** 海外の独立選挙の投票所の様子をテレビで**中継**していた。

해외의 독립 선거의 투표소 모습을 텔레비전에서 중계하고 있었다.

문자

挙	キョ：選挙 선거・一挙に 일거에
票	ヒョウ：票 표・投票 투표・伝票 전표
継	ケイ：中継 중계・生中継 생중계・継続する 계속하다
	つ (-ぐ)：受け継ぐ 계승하다
刑	ケイ：刑事 형사・刑罰 형벌・死刑 사형・受刑者 수형자

---

431 **1** その保育士は、泣きわめいている赤ちゃんをなんとか**なだめよう**とした。

그 보육사는 울부짖는 아기를 어떻게든 달래 보려고 했다.

어휘

なだめる	달래다
いたわる	친절히 대하다
かばう	두둔하다
しつける	예의범절을 몸에 익히다

---

432 **4** 彼女は自分で習う**にとどまらず**、人にも習ったことを教えるようになった。

그녀는 스스로 배우는 데 그치지 않고 다른 사람에게도 배운 것을 가르쳐 줄 수 있게 되었다.

문법

Nにとどまらず / Vるにとどまらず （＝~だけでなく）

◆言葉の乱れは若者**にとどまらず**、年配の人たちの間にも広まっている。
언어의 오용은 젊은 사람뿐만 아니라 나이 든 사람들 사이에서도 확산되고 있다.

◆彼はお金に困り、友人から借りる**にとどまらず**、金融業者からも借りるようになった。 그는 돈이 궁해지자 친구에게서 빌릴 뿐만 아니라 사채업자로부터도 빌리게 되었다.

252

433 お茶には脂肪と糖分の吸収を<u>抑える</u>効果がある。

1 たくわえる
2 ささえる
3 くわえる
4 おさえる

20 □□□

434 彼女は靴を買おうとして＿＿＿＿迷ったあげく、結局買わずに帰ってしまった。

1 さんざん
2 しぶしぶ
3 ほどほど
4 くよくよ

20 □□□

435 A「忘れ物をお届けしましょうか。」
B「いえ、それには＿＿＿＿。次回まで置いておいてください。」

1 当たりません
2 及びません
3 足りません
4 至りません

20 □□□

433

4 お茶には脂肪と糖分の吸収を**抑える**効果がある。

차에는 지방과 당분의 흡수를 억제하는 효과가 있다.

脂	**シ**：脂肪 지방　**あぶら**：脂 기름
肪	**ボウ**：脂肪 지방
抑	**ヨク**：抑制する 억제하다・抑圧する 억압하다
	おさ (-える)：抑える 억제하다
蓄	**チク**：蓄積する 축적하다・貯蓄 저축
	たくわ (-える)：蓄える 저축하다

434

1 彼女は靴を買おうとして**さんざん**迷ったあげく、結局買わずに帰ってしまった。

그녀는 구두를 사려고 몹시 망설인 끝에 결국 사지 않고 돌아가 버렸다.

さんざん	◆さんざん注意される　몹시 주의를 받다
しぶしぶ	◆しぶしぶ認める　억지로 시인하다
ほどほど	적당히　◆ほどほどにする　정도껏 하다
くよくよ	◆くよくよする　마음을 태우다

435

2 A「忘れ物をお届けしましょうか。」
B「いえ、それには**及びません**。次回まで置いておいてください。」

A「잊은 물건을 보내드릴까요.」
B「아니오, 그럴 필요까지는 없습니다. 다음에 갈 때까지 두어주십오.」

Vには及ばない　（＝Vする必要はない）

◆メールや電話で連絡すればいい。**会うには及ばない**。
메일이나 전화로 연락하면 된다. 만날 것까지는 없다.

Nには及ばない　（＝Nのレベルに達しない）

◆**あの店には及ばない**が、この店もずいぶん客が増えた。
저 가게에는 미치지 못하지만 이 가게도 꽤나 손님이 늘었다.

문제

5 일째 **제 4 주**

436 今日は部長の自慢のお嬢さんが腕を振るって<u>凝った</u>料理を作ってくれるそうです。

1　ねった
2　うけたまわった
3　こった
4　たてまつった

문자

21 □□□

437 このバターは、値上げしないと_____いるが、実は量が減らされている。

1　見せつけて
2　見せかけて
3　見あわせて
4　見せびらかして

어휘

21 □□□

438 ここをこうしたいとか、あれをああしたいとか、欲を言えば_____けど、この家は結構気に入っています。

1　きりがない
2　越したことはない
3　ないものでもない
4　言うにたえない

문법

21 □□□

정답

436 **3** 今日は部長の自慢のお嬢さんが腕を振るって**凝った**料理を作ってくれるそうです。

오늘은 부장님의 자랑인 따님이 솜씨를 발휘하여 공들인 요리를 만들어 준다고 합니다.

문자

慢	**マン**: 自慢する 자만하다・慢性 만성・怠慢な 태만한
嬢	**ジョウ**: お嬢さん 따님
凝	**ギョウ**: 凝縮する 응축하다 **こ (-る)**: 凝る 공들이다 / 엉기다 / 열중하다
奉	**ホウ**: 奉仕 봉사 **たてまつ (-る)**: 奉る 바치다

---

437 **2** このバターは、値上げしないと**見せかけて**いるが、実は量が減らされている。

이 버터는 가격을 인상하지 않은 것처럼 보이지만 사실은 양이 줄어 있다.

어휘

見せかける	(みせかける) 그러한 것처럼 꾸며 보이다
見せつける	(みせつける) 일부러 보이다
見合わせる	(みあわせる) 보류하다
見せびらかす	(みせびらかす) 과시하다

---

438 **1** ここをこうしたいとか、あれをああしたいとか、欲を言えば**きりがない**けど、この家は結構気に入っています。

여기를 이렇게 하고 싶다든가 저것을 저렇게 하고 싶다든가 욕심을 내면 끝이 없겠지만 이 집은 상당히 마음에 듭니다.

문법

V ばきりがない (= V ば終わりがない)

◆彼に対する不満は数えれば<u>きりがない</u> (=数えられないほど多い)。
그에 대한 불만은 이루 헤아릴 수 없다.

◆「もっといいカメラもございます」「いえ、上を見ればきりがないので、これにしておきます。」「더 좋은 카메라도 있습니다.」「아니요 위를 보면 끝이 없으니 이걸로 하겠습니다.」

문제

5일째 제**4**주

439 通行の邪魔にならず、視界の<u>妨げ</u>にもならない ようなを発明したい。

1 さまたげ
2 たいらげ
3 あらげ
4 やわらげ

22 □□□

440 会社を存続させるために、あらゆる手を_____が、倒産してしまった。

1 尽くした
2 組んだ
3 加えた
4 結んだ

22 □□□

441 冗談_____、先日の調査結果の報告をします。

1 ながらに
2 はさておき
3 はさることながら
4 じゃあるまいし

22 □□□

정답

439

1 通行の邪魔にならず、視界の**妨げ**にもならないような傘を発明したい。

통행에 방해되지 않고 시야의 방해도 되지 않는 우산을 발명하고 싶다.

邪	ジャ : 邪魔な 거추장스러운・無邪気な 순진한　＊風邪 감기
魔	マ : 悪魔 악마
妨	ボウ : 妨害する 방해하다　**さまた** (-げる) : 妨げる 방해하다
傘	かさ : 傘 우산・日傘 양산

440

1 会社を存続させるために、あらゆる手を**尽くした**が、倒産してしまった。

회사를 존속시키기 위해 모든 수단을 썼지만 도산해 버렸다.

手を尽くす (てをつくす) 모든 수단을 다하다
手を組む (てをくむ) 협력하다
手を加える (てをくわえる) 가공하다
手を結ぶ (てをむすぶ) 동맹을 맺다

441

2 冗談**はさておき**、先日の調査結果の報告をします。

농담은 그만두고 지난번 조사 결과를 보고하겠습니다.

Nはさておき　＊화제를 바꿀 때 사용

◆ **それはさておき**、例の件はどうなりましたか。
　그건 그렇고 그 일은 어떻게 되었습니까?

Nはどうあれ　(＝Nはどうでも)

◆ **結果はどうあれ**、力は出し切った。
　결과가 어떻든 힘은 다 사용했다.

＊何であれ (＝何でも)、だれであれ (＝だれでも)、どこであれ (＝どこでも)

문제

442 この担架は底の部分に<u>摩擦</u>とショックを和らげる工夫が施されており、人を安全に搬送できる。

1　まっさつ
2　まさい
3　まっさい
4　まさつ

443 ドラマを途中から見たので、話の＿＿＿＿がよくわからなかった。

1　道
2　筋
3　根
4　種

444 無理に上品＿＿＿＿のはやめたほうがいいですよ。

1　びる
2　ぶる
3　めく
4　がる

정답

442

4 この<u>担架</u>は底の部分に<u>摩擦</u>とショックを和らげる工夫が<u>施</u>されており、人を安全に<u>搬</u>送できる。

이 들것은 바닥 부분에 마찰과 충격을 완화할 수 있게 고안되어 있어 사람을 안전하게 운반할 수 있다.

문자

| 架 | **カ**：架空の 가공의・担架 들것
| 摩 | **マ**：摩擦 마찰
| 擦 | **サツ**：摩擦 마찰

す (-る/-れる)：擦る 문지르다・擦れる 스치다・靴擦れ 구두에 쓸려 까짐

| 搬 | **ハン**：搬送する 반송하다・運搬する 운반하다

443

2 ドラマを途中から見たので、話の<u>筋</u>がよくわからなかった。

드라마를 도중부터 봤기 때문에 이야기의 줄거리를 잘 이해할 수 없었다.

어휘

| **筋** (すじ) 선

- ◆ 話の**筋** 이야기의 줄거리
- ◆ 足の**筋** 다리 근육
- ◆ **筋**がいい 소질이 있다
- ◆ 血**筋** 혈통

444

2 無理に上品<u>ぶる</u>のはやめたほうがいいですよ。

무리하게 고상한 척하는 것은 그만두는 편이 좋아요.

문법

~ぶる （＝ふりをする）

- ◆ あの子は先生や親の前ではいい子**ぶっている**。
  저 아이는 선생님이나 부모 앞에서는 착한 체하고 있다.

~びる ＊~한 양상을 띠다

- ◆ あのダンサーは13歳だそうですが、ずいぶん<u>大人**びて**</u>いますね。
  저 댄서는 13살이라는데 꽤 어른스러워 보이네요.
- ◆ 母は<u>古**びた**</u>写真を大事そうに持っている。
  어머니는 낡은 사진을 소중하게 가지고 있다.

445 神輿を担ぐ人たちの<u>粋</u>な姿、笛や太鼓に合わせて巧みに踊る機械仕掛けの人形がおもしろかった。

1　いき
2　すい
3　しゅん
4　じゅん

446 受付業務は、_____のお客様へのしっかりした対応が要求されます。

1　不当
2　不備
3　不意
4　不通

447 A「苦労をかけてごめんなさい。」
B「いや、こんなの苦労_____よ。」

1　にはおよばない
2　でも何でもない
3　に越したことはない
4　といったらない

445

1 神輿を担ぐ人たちの**粋**な姿、笛や太鼓に合わせて巧みに踊る機械仕掛けの人形がおもしろかった。

미코시(영여)를 메는 사람들의 멋진 모습, 피리와 북에 따라 능란하게 춤추는 기계 장치 인형이 재미있었다.

粋	**スイ**：純粋な 순수한　**いき**：粋な 세련된
笛	**テキ**：汽笛 기적・警笛 경적　**ふえ**：笛 피리
巧	**コウ**：精巧な 정교한・巧妙な 교묘한　**たく**(-み)：巧みな 능란한
掛	**か**(-かる/-ける)：掛かる 걸리다・掛ける 걸다・掛軸 족자・仕掛け 장치

446

3 受付業務は、**不意**のお客様へのしっかりした対応が要求されます。

접수창구 업무는 불시의 손님에 대해 빈틈없는 대응이 요구됩니다.

不意	(ふい) 불시　◆**不意に** 불시로
不当な	(ふとうな) 부당한
不備	(ふび) 충분히 갖추어지지 않음
不通	(ふつう) 불통

447

2 A「苦労をかけてごめんなさい。」
　　B「いや、こんなの苦労**でも何でもない**よ。」

A「고생을 시켜서 미안해요.」 B「아니, 이런 건 고생도 아무것도 아니야.」

～も何でもない　**～も何ともない**　（＝全然～ない）

◆こんな雪、すごく**も何ともない**よ、雪国に比べたら。
　이런 눈은 대단하지도 아무 것도 아니야, 설국에 비하면.

◆虫歯があると言われたが、痛く**も何ともない**。
　충치가 있다고 들었는데 아프지도 아무렇지도 않아.

448 喫煙が<u>肺</u>に与える影響について話を聞いた。

1 のど
2 はい
3 のう
4 きも

449 彼は大会社の社長だが、誰とでも話すとても_____な人だ。

1 気がかり
2 気まぐれ
3 気まま
4 気さく

450 A「彼女にふられちゃった。」
B「ものは考え_____だよ。運命の人じゃなかったんだよ、きっと。」

1 よう
2 もの
3 ごと
4 どき

정답

448

2 喫煙が肺に与える影響について話を聞いた。

흡연이 폐에 미치는 영향에 관한 이야기를 들었다.

- 肺 **ハイ**：肺 폐
- 影 **エイ**：影響 영향・撮影 촬영　**かげ**：影 그림자・人影 사람의 그림자
- 響 **キョウ**：反響 반향　**ひび(-く)**：響く 울리다・響き 울림
- 肝 **カン**：肝臓 간장　**きも**：肝 간

449

4 彼は大会社の社長だが、誰とでも話すとても**気さく**な人だ。

그는 큰 회사의 사장이지만 누구와도 말을 나누는 아주 허물없는 사람이다.

- **気さくな** (きさくな) 허물없는
- **気がかりな** (きがかりな) 근심거리인
- **気まぐれな** (きまぐれな) 변덕스러운
- **気ままな** (きままな) 마음대로

450

1 A「彼女にふられちゃった。」
　B「ものは考え**よう**だよ。運命の人じゃなかったんだよ、きっと。」

A「그녀한테 차였다.」
B「뭐든 생각하기 나름이야. 운명적인 사람이 아니었던거야, 아마도.」

Vよう (＝Vの様子／Vのやり方)

◆ 久しぶりに田舎に帰り、駅前の**変わりよう**に驚いた。

오랜만에 시골에 돌아가 역 앞의 변화한 모습에 놀랐다.

◆ 孫が可愛いのはわかるが、父の**可愛がりよう**は普通ではない。

손자가 귀여운 건 알지만 아빠의 귀여워하는 모습이 보통이 아니다.

451 文化財に指定されている<u>邸宅</u>で将棋の世紀の対戦が行われた。

1　したく
2　ていたく
3　せんたく
4　ぜいたく

文字

452 私は以前、医療関係の仕事に_____いました。

1　従って
2　費やして
3　営んで
4　携わって

어휘

453 名前や顔、声などを出さないことを_____男性はテレビのインタビューに答えてくれた。

1　よそに
2　前提に
3　ものともせず
4　余儀なくされて

문법

정답

451 **2** 文化財に指定されている**邸宅**で将棋の世紀の対戦が行われた。

문화재로 지정되어 있는 저택에서 장기에 대한 세기의 대결이 열렸다.

邸	テイ : 邸宅 저택
棋	キ : 将棋 장기
紀	キ : 世紀 세기
択	タク : 選択肢 선택지・選択する 선택하다

452 **4** 私は以前、医療関係の仕事に**携わって**いました。

나는 이전에 의료 관계의 일에 종사했었습니다.

| **携わる** (たずさわる) 종사하다 |
| **従う** (したがう) 따르다 |
| **費やす** (ついやす) 소비하다 |
| **営む** (いとなむ) 일하다 |

453 **2** 名前や顔、声などを出さないことを**前提**に男性はテレビのインタビューに答えてくれた。

이름과 얼굴, 목소리 등을 내지 않는 것을 전제로 남성은 텔레비전 인터뷰에 응해 주었다.

Nを前提に(して) **Nを前提として** (＝Nを条件で)

◆「結婚を前提に付き合ってくれませんか。」

「결혼을 전제로 사귀어 주지 않겠습니까?」

◆今後も当社の製品をご愛用いただくことを前提として、お値引き致します。

앞으로도 당사의 제품을 애용해 주실 것을 전제로 가격을 인하해 드립니다.

266

454 変換ミスがあります。「荒い」は「粗い」と訂正して再度提出してください。

1 あらい
2 ねらい
3 えらい
4 あわい

27 ☐☐☐

455 私のレベルは中級かもしれないが、＿＿＿＿＿＿上級クラスを受けてみようと思っている。

1 あえて
2 もはや
3 まさか
4 さすが

27 ☐☐☐

456 現在の道路状況を＿＿＿＿＿＿、将来の都市計画を進める。

1 踏まえて
2 さておき
3 さることながら
4 皮切りに

27 ☐☐☐

정답

454

1 変換ミスがあります。「荒い」は「**粗い**」と訂正して再度提出してください。

한자 변환 오류가 있습니다.「荒い」는「粗い」로 정정해서 다시 제출하십시오.

문자

粗	ソ : 粗大ゴミ 대형쓰레기・粗品 조품　**あら** (-い) : 粗い 거칠다
訂	テイ : 訂正する 정정하다・改訂 개정
提	テイ : 提案する 제안하다・提出する 제출하다・前提 전제 提供する 제공하다・提携する 제휴하다・提示する 제시하다
狙	**ねら** (-う) : 狙う 노리다・狙い 겨냥

455

1 私のレベルは中級かもしれないが、**あえて**上級クラスを受けてみようと思っている。

내 레벨은 중급일지 모르지만 일부러 상급 클래스 수업을 받아보려고 한다.

어휘

あえて	일부러 / 애써
もはや	이제는
まさか	설마
さすが	과연

456

1 現在の道路状況を**踏まえて**、将来の都市計画を進める。

현재 도로 상황을 감안하여 미래의 도시 계획을 추진한다.

문법

N を踏まえて （＝Nをもとにして）

◆ 調査結果を踏まえて今後の方針を立てる。
　조사결과를 근거로 앞으로의 방침을 세운다.

◆ 社員の意見を踏まえて労働条件を改善する。
　사원의 의견을 바탕으로 노동조건을 개선한다.

문제

6일째 제**4**주

457 砂漠の緑化協力隊に応募したら、奇遇にも旧友と再会した。

1　さまく
2　さぼく
3　さばく
4　さもく

문자

28 □□□

458 工事は最初少し滞ったが、その後は＿＿＿＿と進み、予定通り完成する見込みだ。

1　着々
2　延々
3　続々
4　長々

어휘

28 □□□

459 会社を辞めたのを＿＿＿＿水泳を始めた。

1　経て
2　境に
3　機に
4　兼ねて

문법

28 □□□

정답

457 **3** 砂漠の緑化協力隊に応募したら、奇遇にも旧友と再会した。

사막의 녹화 협력대에 응모했더니 기우하게도 옛 친구와 재회했다.

漢	バク : 砂漠 사막・漠然と 막연하게
隊	タイ : 隊 대열・兵隊 병대・軍隊 군대・隊員 대원
奇	キ : 奇数 홀수・奇妙な 기묘한・奇遇 기우 / 뜻하지 않게 만남
遇	グウ : 境遇 경우・待遇 대우・奇遇 기우

458 **1** 工事は最初少し滞ったが、その後は着々と進み、予定通り完成する見込みだ。

공사는 처음에는 약간 지체되었지만 그 후에는 착착 진척되어 예정대로 완공될 예정이다.

着々 (ちゃくちゃく) 착착 진행되다
延々 (えんえん) 끝없이 이어지다
続々 (ぞくぞく) 잇달아
長々 (ながなが) 계속되다

459 **3** 会社を辞めたのを機に水泳を始めた。

회사를 그만 둔 것을 계기로 수영을 시작했다.

Nを機に (= Nを機会として)

◆引っ越しを機に家具を新しくする。 이사를 계기로 가구를 새롭게 한다.

Nを境に (= N以降)

◆オリンピックを境に経済が急成長した。
올림픽을 계기로 경제가 급성장했다.

Nを経て *N=시간, 장소, 과정, 경험 등

◆20年の歳月を経て再会する。 20년 세월이 지나 재회하다.

문제

460 バイトで<u>塾</u>講師として奮闘している。今日は速さ・時間・距離の計算を教えた。

1　じく
2　ずく
3　じゅく
4　じょく

29 □□□

461 送料は商品が５千円以上は無料、５千円以下は全国＿＿＿＿＿千円となります。

1　一斉
2　一連
3　一律
4　一帯

29 □□□

462 遅＿＿＿＿＿早＿＿＿＿＿あの会社は倒産しただろう。

1　かれ／かれ
2　なり／なり
3　つつ／つつ
4　とも／とも

29 □□□

정답

460

3 バイトで<u>塾</u>講師として奮闘している。今日は速さ・時間・距離の計算を教えた。

아르바이트로 학원 강사로서 분투하고 있다. 오늘은 속도, 시간, 거리의 계산을 가르쳤다.

塾	ジュク：塾 학원
奮	フン：興奮する 흥분하다・奮闘する 분투하다
距	キョ：距離 거리
軸	ジク：軸 축・縦軸 세로축・横軸 가로축・掛け軸 족자

461

3 送料は商品が５千円以上は無料、５千円以下は全国<u>一律</u>千円となります。

송료는 상품이 5천 엔 이상은 무료, 5천 엔 이하는 전국 일률적으로 천 엔입니다.

一律	(いちりつ) 일률
一斉に	(いっせいに) 일제히
一連の	(いちれんの) 일련의
一帯	(いったい) 일대

462

1 遅<u>かれ</u>早<u>かれ</u>あの会社は倒産しただろう。

늦던 빠르던 그 회사는 도산했을 것이다.

A₁ かれ A₂ かれ　（＝A₁くてもA₂くてもとにかく）　＊A₁과 A₂는 반대어

◆ 多**かれ**少な**かれ**誰でもそういう経験はあるはずだ。

많든 적든 누구나 그런 경험은 있을 것이다.

◆ 良**かれ**悪し**かれ**子は親に似るものだ。

좋든 싫든 자식은 부모를 닮기 마련이다.

463 家畜センターでヤギを見たが、やはり自然の渓谷を跳ねているのを見たいものだ。

1 はねて
2 すねて
3 かねて
4 こねて

30 □□□

464 予算が_____になって、新企画が進まない。

1 ハード
2 ネック
3 トラウマ
4 コネ

30 □□□

465 よそのお宅のことは_____、うちでは朝食は毎日家族全員で食べます。

1 前提として
2 いざ知らず
3 おろか
4 とどまらず

30 □□□

정답

463

1 家畜センターでヤギを見たが、やはり自然の渓谷を<u>跳ねて</u>いるのを見たいものだ。

가축 센터에서 염소를 봤지만 역시 자연의 계곡을 뛰는 모습을 보고 싶다.

문자

畜	**チク**：牧畜 목축・家畜 가축・畜産 축산
	畜生 축생 / 짐승 (남을 욕할 때 쓰는 말)
渓	**ケイ**：渓谷 계곡
跳	**と**(-ぶ)：跳ぶ 뛰다・縄跳び 줄넘기　**は**(-ねる)：跳ねる 뛰다 / 터지다
兼	**ケン**：兼用 겸용・兼業 겸업
	か(-ねる)：兼ねる 겸하다・気兼ねする 스스러워하다

464

2 予算が<u>ネック</u>になって、新企画が進まない。

예산이 장애가 되어 신 기획이 진전되지 않는다.

어휘

ネック	◆ネックになる　장애가 되다
ハードな	어려운
トラウマ	트라우마
コネ	연고 관계

465

2 よそのお宅のことは<u>いざ知らず</u>、うちでは朝食は毎日家族全員で食べます。

다른 집 사정은 모르지만 우리 집에서는 아침 식사는 매일 가족이 함께 먹는다.

문법

Nはいざ知らず　Nならいざ知らず　(＝Nの場合は知らないが)

◆<u>外国はいざ知らず</u>、日本ではこれは普通のことだ。

외국은 몰라도 일본에서는 이것은 보통이다.

◆<u>10年前ならいざ知らず</u>、今、携帯電話を持っていない人は少ない。

10년전이라면 몰라도 지금 휴대전화를 갖고 있지 않은 사람은 적다.

문자

7 일째 제 4 주

466 <u>遺言</u>の作成を専門家に依頼する。→ 403

1 ゆいごん　　2 いうごん

1 ☐☐☐

467 夜中に消防車のサイレンが<u>鳴り響いた</u>。→ 448

1 なりふぶいた　　2 なりひびいた

2 ☐☐☐

468 その選挙では、＿＿＿＿有利だと言われていた人が落選してしまった。→ 425

1 猛烈　　2 断然

1 ☐☐☐

469 最近は、患者本人に癌であることを＿＿＿＿する医者が多いらしい。→ 380

1 告知　　2 告白

2 ☐☐☐

470 子供たちは今、シールに夢中で家の家具＿＿＿＿家具にシールを貼っている。→ 399

1 とみると　　2 という

1 ☐☐☐

471 愚痴を＿＿＿＿、言わないことにした。→ 438

1 言えばきりがないので　　2 言うに留まらず

2 ☐☐☐

문제

472 弟は<u>無邪気</u>な顔で眠っている。→ 439

1 むじゃき　　　2 むやき

3 □□□

473 横綱は<u>惨め</u>な負け方をしてしまった。→ 385

1 みじめな　　　2 いじめな

4 □□□

474 少し前から目がかすんで、文字が_____見える。→ 386

1 にじんで　　　2 しおれて

3 □□□

475 きりが_____ところで休みましょう。→ 419

1 いい　　　2 つく

4 □□□

476 結婚してからうまくいっている_____彼は最近まっすぐ家に帰る。→ 405

1 とみえて　　　2 みられて

3 □□□

477 100円_____200円安くなるからって、わざわざ店まで買いに行く気にはならない。→ 423

1 に　　　2 や

4 □□□

앞 페이지 정답　466 1　467 2　468 2　469 1　470 2　471 1

478 タクシーの運転手は強盗に命まで<u>奪われた</u>。→ 388

1　おそわれた　　　　2　うばわれた

479 <u>不審な</u>荷物を見つけたので駅員に知らせた。→ 409

1　ふそんな　　　　2　ふしんな

480 叔父の会社は借金が_____、倒産してしまった。→ 401

1　かすみ　　　　2　かさみ

481 準備はすべて整った。天候だけが_____だ。→ 449

1　気まぐれ　　　　2　気がかり

482 欲しいけど高いから、_____やめていたけど、今日こそ買おうと思う。→ 384

1　買いかけては　　　　2　買ったと思いきや

483 いつでも相談に乗ると_____手前、どんなに忙しくても断れない。→ 390

1　言う　　　　2　言った

앞 페이지 정답　472 ① 473 ① 474 ① 475 ① 476 ① 477 ②

문제

484 髪を金色に染めた若者が老人に席を譲った。

1 しめた　　　2 そめた

485 全国の主な岬を巡る。

1 めぐる　　　2 まわる

486 いじめられていた彼女を_____者は誰もいなかった。

1 なだめる　　　2 かばう

487 A「彼ら、別れたんだって。」
B「_____！」

1 さすが　　　2 まさか

488 誰にでも_____言いたくないことはあるだろう。

1 多かれ少なかれ　　　2 多くては少なくては

489 引き出しの中からずいぶん_____写真が出てきた。

1 古ぶった　　　2 古びた

7 일째 제 4 주

490 事故で夢は<u>砕け散った</u>。→ 391

1　やぶけちった　　　2　くだけちった

491 空を<u>漂う</u>雲のように当てもなく歩く。→ 394

1　さまよう　　　2　ただよう

492 ＰＴＡの役員を誰もやりたくないというので、＿＿＿＿私が引き受けた。→ 434

1　しぶしぶ　　　2　くよくよ

493 そのネットスーパーは、取り扱い商品を＿＿＿＿値上げした。→ 461

1　一帯に　　　2　一斉に

494 久しぶりに会った知人の＿＿＿＿に驚いた。→ 450

1　老け並み　　　2　老けよう

495 あの事件＿＿＿＿その子は口がきけなくなった。→ 459

1　を境に　　　2　を機に

앞 페이지 정답　484 ②　485 ①　486 ②　487 ②　488 ①　489 ②

문제

496 年々体力の<u>衰え</u>を感じる。→ 412

1 おとろえ　　　　2 おびえ

11 □□□

497 木の<u>幹</u>にセミが止まっている。→ 427

1 いき　　　　2 みき

12 □□□

498 長年の歳月を_____完成した橋が、先日の地震で崩壊してしまった。→ 452

1 費やして　　　　2 営んで

11 □□□

499 久しぶりに会った彼は、どこか遠くを見ているような_____目をしていた。→ 413

1 はかない　　　　2 うつろな

12 □□□

500 これまでの報告内容を_____、今後の方針を話し合いましょう。→ 456

1 踏まえて　　　　2 とどまらず

11 □□□

앞 페이지 정답　490 2　491 2　492 1　493 2　494 2　495 1

자 료

한자 목록
품사별 어휘 목록
문형·문법 항목 목록

한자 목록

◆ 「정답」 페이지의 □에 소개된 한자를 총획수 별로 나타내고 있습니다.

◆ 숫자는 문제 번호입니다.

2획		句	332	里	67	迫	55	屈	415	怠	254
丁	40	丘	382	杉	73	往	64	垂	418	郎	266
刀	174	巧	445	妙	126	舍	67	肪	433	盾	290
又	260			豆	129	松	73	奉	436	洪	296
		6획		我	159	房	82	邪	439	宣	308
3획		旨	7	沖	180	阻	141	邸	451	胞	311
丈	156	缶	19	災	189	拍	147	狙	454	津	326
及	159	江	25	忍	254	泌	153	奇	457	胆	329
刃	174	羊	49	系	263	昆	171			甚	338
弓	174	旬	67	秀	278	苗	183	9획		是	338
己	207	后	76	廷	293	炎	192	派	7	峠	382
		芋	129	孝	302	析	207	為	10	牲	385
4획		吉	162	励	320	侍	266	耐	37	砕	391
氏	85	企	165	寿	335	典	272	削	55	染	394
冗	88	舌	204	伴	376	肥	275	盆	58	侵	394
凶	162	芝	257	却	409	昇	278	皇	76	垣	397
刈	257	充	257	序	421	殴	281	悔	141	虹	415
井	299	吐	314	没	424	怪	281	冠	144	威	421
		至	326	抑	433	祉	290	奏	147	架	442
5획		劣	335	妨	439	盲	293	促	153	肺	448
弁	28	巡	376	肝	448	抽	299	挑	156	紀	451
玄	82	朽	418	択	451	泡	308	拶	168	訂	454
矢	162	扱	427			茎	311	浄	177		
汁	198	刑	430	8획		披	323	姿	186	10획	
功	207			免	4	炊	332	臭	189	納	1
穴	284	7획		沿	25	岬	382	施	210	梅	19
矛	290	攻	1	宜	34	宛	403	姻	251	捉	37

282

致	40	傲	376	菊	73	**12획**		裁	293	催	76
宮	46	陷	391	釣	79	証	4	堤	296	稚	79
華	52	浸	394	訳	85	惑	10	訴	305	飼	79
徐	58	貢	397	偏	150	貼	13	痢	314	傷	132
俳	61	恩	403	揭	165	博	16	裕	317	腸	132
劑	70	扇	406	螢	171	棚	19	霧	317	携	138
蚊	70	衰	412	蛇	177	街	25	筋	320	源	138
桜	73	秩	421	脱	180	酢	70	統	323	墓	144
陛	76	脅	421	醉	186	廊	82	煮	379	睡	150
素	88	討	424	爽	192	粧	82	揚	379	頑	156
唇	126	擧	430	密	195	彈	126	琴	400	載	165
鬼	129	脂	433	患	195	尋	135	紫	415	裸	180
桃	129	粹	445	崩	201	扉	141	傘	439	滑	204
射	132	畜	463	唱	213	葬	144	棋	451	絹	204
益	159	兼	463	培	275	握	147	提	454	嫁	251
挨	168			巢	284	賀	168	遇	457	飽	254
劍	174	**11획**		逮	287	喪	168	隊	457	勸	257
浜	180	眺	1	僞	287	属	177	距	460	寬	269
秘	195	斜	13	訟	305	慌	189	軸	460	譽	272
株	201	堀	16	渴	308	焦	189			鉢	299
振	210	瓶	19	視	308	搖	192	**13획**		賄	302
殊	260	頃	22	彫	320	診	195	遣	7	微	311
珠	260	帳	22	盛	323	就	207	嫌	10	煩	317
脈	263	描	22	唯	332	欺	210	跡	16	慎	329
疾	263	眼	28	慘	385	詐	210	溝	16	督	329
倉	269	添	34	排	418	壻	251	詳	34	誇	335
栽	275	控	37	票	430	貴	260	雷	43	幕	379
俵	284	豚	49	笛	445	循	263	殿	46	滝	382
症	314	渋	58	掛	445	創	272	飾	46	隔	397
称	338	寂	64	粗	454	掌	281	滯	58	獻	397
紛	338	郷	67	渓	463	策	290	詩	61	鼓	400
從	376	菌	70			傍	293	暇	64	鈴	400

鉛	403	徵	314	穗	183	壞	284	礎	144	魔	439
奬	409	漬	379	憧	266	避	296	織	165		
幹	427	熊	388	褒	281	縫	332	穫	183	**22획**	
継	430	奪	388	敷	299	縛	335	騷	186	驚	46
蓄	433	誘	388	賠	305	憶	385	離	251	襲	388
搬	442	漂	394	請	305	還	409	顚	311		
漠	457	端	406	歡	323	鋼	412	臨	317	**23획**	
跳	463	駆	406	繩	326	繁	412	瞬	391	鑑	171
14획		漏	418	範	326	融	427	藍	415		
罰	10	慢	436	監	329	孃	436	鬪	424		
僕	22	塾	460	墜	385	凝	436				
模	31			輝	391	奮	460	**19획**			
寧	40	**15획**		遺	403			鏡	28		
豪	52	締	1	審	409	**17획**		霧	43		
僚	52	履	4	熟	412	縮	13	鷄	49		
漫	61	撮	4	幣	427	覽	34	鯨	49		
障	88	撲	25	摩	442	霜	43	繰	213		
隱	153	緣	28	影	448	嚴	55	譜	213		
馱	156	輩	31			聽	85	簿	272		
態	171	誕	31	**16획**		謝	88				
稻	183	趣	61	縱	13	醜	186	**20획**			
酸	198	寮	64	興	31	購	198	護	7		
墨	198	養	79	糖	37	擬	287	讓	138		
需	201	緊	135	隣	40	犠	287	釀	153		
腐	204	魅	135	獲	52	償	302	懸	213		
慕	266	慮	138	激	55	鍛	320	鐘	400		
磁	269	踏	141	錠	132	翼	406	騰	424		
維	275	敵	147	濁	177	擦	442	響	448		
綱	278	潤	150	穩	192						
網	278	憂	150	壞	201	**18획**		**21획**			
遭	296	弊	159	憩	254	翻	85	露	43		
誓	302	儀	162	膨	269	癖	126	躍	135		

품사별 어휘 목록

◆ 「정답」 페이지에 소개된 어휘를 품사별로 나타내고 있습니다.
◆ 숫자는 문제 번호입니다.

문자

어휘

동사

値する	193
与える	285
歩む	74
ありふれる	157
案じる	273, 416
いたわる	431
営む	74, 452
打ち切る	321
打ち込む	133
促す	285
追い込む	133
追い出す	321
負う	261
怠る	23
おどおどする	151
衰える	312
重んじる	416
及ぶ	181
省みる	300
重ねる	383
かさむ	401
かすむ	401
偏る	395
合併する	130
かばう	431
かぶれる	422
からまる	187
気兼ねする	407
規制する	315
興じる	416
共存する	130
くぐる	187
抗議する	26
拘束する	315
告知する	380
告白する	380
心得る	428
心がける	428
志す	428
こじれる	178, 422
こだわる	178, 428
懲りる	178
混同する	130
さえる	401
しおれる	422
慕う	261
従う	261, 452
しつける	431
しびれる	422
収穫する	208
収集する	208
収納する	208
収容する	208
準じる	416
称する	193
優れる	389
廃れる	157
制限する	315
接する	297
迫る	181
攻める	80
添える	17
束縛する	315
損なう	285
備え付ける	211
備える	297
染まる	395
対抗する	26
耐える	80
携える	297
携わる	452
保つ	297
ちやほやする	264
調和する	130
費やす	23, 452
仕える	300
尽きる	300, 395
付け加える	211
慎む	74
つなぎ合わせる	211
つねる	163
つまむ	163

285

貫く	181	冷やかす	273	危うい	68
連ねる	17	振り返る	321	著しい	8
抵抗する	26	ぶれる	386	卑しい	41
徹する	193	隔てる	17	おっかない	50
とがめる	333	放り込む	133	渋い	139
滞る	23	ぼける	386	すがすがしい	2
留める	333	滅ぶ	312	素早い	68
取り組む	35	紛れる	80	騒々しい	2
取り混ぜる	35	勝る	80	素っ気ない	50
取り戻す	35	交える	17	たやすい	68
取り寄せる	35	またがる	187	だるい	139
嘆く	300	免れる	285	乏しい	41
投げ出す	321	見合わせる	437	情けない	270
和む	389	見せかける	437	何気ない	270
なだめる	431	見せつける	437	なれなれしい	2
にぎわう	157	見せびらかす	437	鈍い	139
にじむ	386	乱す	333	はかない	68, 413
ねたむ	71	乱れる	23	華々しい	2
ねだる	71	みなす	333	紛らわしい	8
粘る	71	むしる	163	みすぼらしい	41
練る	71	むせる	401	みっともない	50
映える	386	めくる	163	むなしい	41
はかどる	157	養う	261	目覚ましい	8
励ます	273	和らぐ	273	申し分ない	270
励む	389	緩める	312	物足りない	270
弾む	74	要する	193	もろい	139
果たす	181	予告する	380	煩わしい	8
はまる	395	割り込む	133		
反抗する	26			**ナ형용사**	
控える	312	**イ형용사**			
引き取る	211			鮮やかな	148
引っかける	187	あっけない	50	圧倒的な	425

あやふやな	160	滑らかな	175	がっくり	53
陰気な	145	のどかな	258	がっしり	5
うつろな	413	ハードな	464	かつて	190
大柄な	184	華やかな	258	かねてより	29
大げさな	309	はるかな	288	仮に	11
大幅な	184	密かな	288	かろうじて	205
大まかな	145, 392	不当な	446	代わる代わる	264
臆病な	145	平均的な	282	きっかり	5
厳かな	258	まれな	288	きっぱり	5
おろそかな	175, 392	無知な	276	極めて	309
かすかな	160, 392	無能な	276	ぐったり	53
画期的な	282	猛烈な	425	くよくよ	434
間接的な	282	緩やかな	148, 392	こってり	53
簡素な	294			ことごとく	59

부사

気がかりな	449	さすが	205, 455
気さくな	449	さぞ	398
几帳面な	160	あえて	166, 455	さんざん	434
気まぐれな	449	あらかじめ	29	強いて	166
気ままな	449	案の定	318	直に	383
極端な	425	いかに	77, 398	しぶしぶ	434
清らかな	175	いかにも	77	若干	309
質素な	294	いざ	190	しょっちゅう	59
しとやかな	148	依然	318	ずばり	190
しなやかな	258	一概に〜ない	136	すんなり	5
健やかな	148	一様に	291	続々	458
素直な	294	一挙に	136	たかが	377
速やかな	160	一向に〜ない	136	だぶだぶ	44
素朴な	294	一切〜ない	309	断然	318, 425
大胆な	145	一心に	136	着々	458
定期的な	282	一斉に	461	つくづく	44
手頃な	303	一体	205	てっきり	53
和やかな	175	延々	458	どうにか	77

どうやら	77	やたらと	404	愚痴(ぐち)	62
とっさに	11			ケース	89
突如(とつじょ)	318	# 명사		けり	419
とりわけ	404			検査(けんさ)	324
なおさら	330, 377	アップ	214	コース	89
長々(ながなが)	44, 458	あるなし	327	志(こころざし)	196
何(なに)とぞ	142	意向(いこう)	32	コネ	464
何(なに)より	142	意地(いじ)	32	コントロール	336
何(なん)なりと	142	一面(いちめん)	291	先頃(さきごろ)	199
甚(はなは)だ	264	一律(いちりつ)	461	支(ささ)え	169
ひたすら	59, 398	一連(いちれん)	291	思考(しこう)	255
ぴたりと	383	一連(いちれん)の	461	滴(しずく)	47
ぴちぴち	44	一帯(いったい)	291, 461	しつけ	83
ひょっとして	205	意図(いと)	32	シナリオ	339
不意(ふい)に	29	嫌(いや)がらせ	410	ジャンル	89
ふんだんに	288	意欲(いよく)	32	重役(じゅうやく)	252
ぼうぜん	413	生(う)まれつき	83	主任(しゅにん)	252
ぼつぼつ	151	縁(えん)	196	首脳(しゅのう)	252
ほどほど	434	大方(おおかた)	184	審査(しんさ)	324
前(まえ)もって	29	大筋(おおすじ)	184	すき間(ま)	267
まさか	455	行(おこな)い	127	筋(すじ)	443
まさしく	190	お世辞(せじ)	62	スムーズ	214
まして	59, 377	おせっかい	410	せっかち	410
まちまち	264	おっちょこちょい	410	捜査(そうさ)	324
丸々(まるまる)	151	顔(かお)つき	86	育(そだ)ち	83
むろん	377	体(からだ)つき	86	台無(だいな)し	14
もうろう	413	感情(かんじょう)	255	タイミング	336
もっぱら	404	効(き)き目(め)	169	代理(だいり)	252
もはや	166, 455	気苦労(きぐろう)	407	建前(たてまえ)	62
もろに	11, 398, 404	兆(きざ)し	267	調査(ちょうさ)	324
やけに	11, 383	きり	419	償(つぐな)い	169
やたら	166	茎(くき)	47	つぼみ	47

手当て _{てあ}	303	本能 _{ほんのう}	255	角が立つ _{かど た}	202
手がかり _て	303	見込み _{みこ}	154	勘がいい _{かん}	279
手はず _て	303	道 _{みち}	127	気にかける _き	65
手振り _{てふ}	86	見積もり _{みつ}	154	気に食わない _{き く}	65
とげ	47	見通し _{みとお}	154	気に障る _{き さわ}	65
年頃 _{としごろ}	199	見晴らし _{みは}	154	気に留める _{き と}	65
富 _{とみ}	196	身振り _{みふ}	86	気を利かせる _{き き}	407
共稼ぎ _{ともかせ}	20	無駄 _{むだ}	14	気を引く _{き ひ}	407
トラウマ	464	無断 _{むだん}	276	心が打たれる _{こころ う}	389
取り扱い _{と あつか}	56	無茶 _{むちゃ}	14	筋が通る _{すじ とお}	306
取り締まり _{と し}	56	無用 _{むよう}	276	つじつまが合う _あ	306
取り調べ _{と しら}	56	無理 _{むり}	14	手を組む _{て く}	440
取り引き _{と ひ}	56	めど	419	手を加える _{て くわ}	440
慣れ _な	83	メリット	214	手を尽くす _{て つ}	440
ニュアンス	339	催し _{もよお}	169	手を結ぶ _{て むす}	440
ネック	464	用 _{よう}	127	願いがかなう _{ねが}	306
ノルマ	336	理性 _{りせい}	255	悲鳴を上げる _{ひめい あ}	202
はり	419	ルール	336	耳を疑う _{みみ うたが}	38
日頃 _{ひごろ}	199	技 _{わざ}	196	耳を傾ける _{みみ かたむ}	38
人気 _{ひとけ}	172			耳を澄ます _{みみ す}	38
一頃 _{ひところ}	199	## 접속사		耳をふさぐ _{みみ}	38
人目 _{ひとめ}	172			めどが立つ _た	306
日なた _ひ	267	しかも	330		
ヒント	339	もしくは	330		
不意 _{ふい}	446	ゆえに	330		
フォーム	89				
不通 _{ふつう}	446	## 관용표현			
不備 _{ふび}	446				
プラス	214	愛想がいい _{あいそ}	279		
フレーズ	339	怒りに触れる _{いか ふ}	202		
ほとり	267	息を引き取る _{いき ひ と}	202		
本音 _{ほんね}	62	落ち着きがある _{お つ}	279		
		思いやりがある _{おも}	279		

문형·문법 항목 목록

- 「정답」페이지에 소개하고 있는 문형이나 문법 항목을 あいうえお순으로 나타내고 있습니다.
- 숫자는 문제 번호입니다.

あ

N₁ あっての N₂	36
N (の)いかん (だ)	18
N (の)いかんによる	18
A いこと極まりない	39

か

N かたがた	12
N/V がてら	12
《文》がゆえに	197
～からある	24
N から言わせれば	426
～からする	24
A₁ かれ A₂ かれ	462
Na (なこと) 極まりない	39
Na 極まる	39
N ぐるみ	313
N こそあれ	256
N こそ～が…	259
N/V こそすれ…ない	256
～こととて	87
～ことやら	253

さ

N じゃあるまいし	81
N ずくめ	313
V ずじまい	268
V ずとも～	271
V ずにはおかない	176
V ずにはすまない	173
N (で)すら	319
V そばから	328

た

V たが最後	9
～たことにする	262
～たことになる	262
V たつもりで	387
V た手前	390
V たところで	75
～だに	48
a だの b だの	274
～たら～で…	277
N たりとも…ない	51
N₁ たる (N₂)	72
V₁ つ V₂ つ	54
～つもりだが…	387
～つもりだったが…	387
N₁ であれ N₂ であれ	128
N₁ であろうと N₂ であろうと	128
V てからというもの	90
N でなくてなんだろう	134
V₁ ては V₂	384
N ではあるまいし	81

V てみせる	393	～ともなれば	158
V てやまない	60		
～と相まって	27	**な**	
N とあって	63	V ないではすまない	173
～とあれば	63	V ない(もの)でもない	161, 417
N₁ といい N₂ といい	137	V ないまでも	185
N という N	399	V/N ながら (に / の)	149
～というところだ	66	V ながらにして	149
(この / ここ)N というもの	90	N なくしては	152
～といえども	84	N なしには	152
～といったところだ	66	N 並み	396
～といったらありはしない	42	N ならいざ知らず	465
～といったらない	42	N ならでは (の)	167
N₁ といわず N₂ といわず	420	N なりと (も)	51
～と言わんばかりに	146	何であれ	128
～ (か)と思いきや	378	何であろうと	128
N ときたら	45	N にあって	155
～ときている	402	N₁ にあるまじき N₂	331
～ときては	402	～に至って (は / も)	140
～とくると	402	～に至る	140
N₁ としてあるまじき N₂	331	～に至るまで	140
～との N	381	N に言わせれば	426
～とのことだ	381	N に限ったことではない	3
～とは	78	N に限る	3
～とはいえ	69	～に難くない	337
～とばかりに	146	～に越したことはない	429
～とみえる	405	N に先駆けて	206
～とみられる	408	N にして	143
～とみると	411	N₁ に即した N₂	182
N₁ ともあろう (N₂)	72	N に即して	182
a ともb とも	414	N に堪えない	292
～ともなると	158	N に堪える	292

VにVて	423	～も何ともない	447
Nにとどまらず	432	～ものとして	194
Vには及ばない	435	～ものやら	253
Nには及ばない	435	～ものを	191
Nにひきかえ	304		
Nにもまして～	316	**や**	
NにNを重ねて	423	N₁やN₂	423
Nの至り	334	N(の)ゆえ(に/の)	197
Nのかたわら	6	Vよう	450
Nのきらいがある	21	Vようにも…	30
Nの極み	334	VようにもVられない	30
N₁のごときN₂	57		
NのごとくV	57	**ら**	
Nの手前	390	Vられるまま(に)～	271
～のやら	253	Vるかたわら	6
aのやらbのやら	274	Vるが早いか	33
		Vるきらいがある	21
は		Vることなしに～ない	298
Nはいざ知らず	465	Vることのないよう(に)	265
N₁はおろかN₂も	301	Vる始末だ	283
Vばきりがない	438	Vるとあって	63
Nはさておき	441	Vるともなく	131
Nはどうあれ	441	Vるともなしに	131
～びる	444	Vるに(は)当たらない	170
～ぶる	444	Vるに堪えない	292
		Vるに堪える	292
ま		Vるに足りない	164
～まで(のこと)だ	179	Vるに足る	164
Nまみれ	209	Vるにとどまらず	432
Nめく	203	Vるにも…	30
N₁もさることながらN₂	307	VるべからざるN	289
～も何でもない	447	Vるべからず	289

Ⅴるべく	212	Ｎをもちまして	295
Ⅴるべくもない	212	Ｎをもって	295
Ⅴるまでもない	188	Ｎをものともせずに	325
Ⅴるものとする	194	Ｎを余儀なくされる	340
Ⅴるや（否や）	200	Ｎをよそに	310

わ

Ｎをおいて（ない）	215
（N₁と）N₂を兼ねて	15
Ｎを皮切りとして	206
Ｎを皮切りに（して）	206
Ｎを機に	459
Ｎを禁じ得ない	286
Ｎを境に	459
Ｎを前提として	453
Ｎを前提に（して）	453
Ｎを踏まえて	456
Ｎを経て	459

ん

Ⅴんがために	280
Ⅴんばかり	322

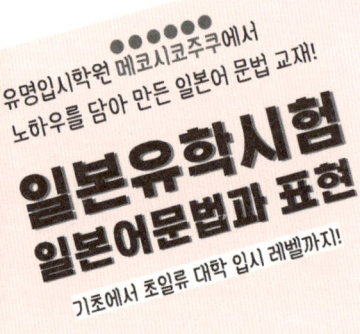

일본 유학은 HED 와 상담하세요.

1984 년부터 많은 스토리를 만들어 왔습니다.
각 분야의 전문 사이트 참조

한국유학개발원
www.hed.co.kr

일본대학교정보센터
www.univ-hed.co.kr

일본대학원정보센터
www.grad-hed.co.kr

일본전문학교정보센터
www.prof-hed.co.kr

일본중고등학교정보센터
www.high-hed.co.kr

홈스테이인재팬
www.homestay-in-japan.co.kr

〈 기타 개별 학교 사이트 〉

- 동경외어전문학교 : www.tflc.co.kr
- 관서외어전문학교 : www.kansaicollege.co.kr
- 인터컬트일본어학교 : www.inter-cult.co.kr
- 아크아카데미어학교 : www.arc-korea.co.kr
- 중앙공학교부속어학교 : www.chuojalan.co.kr
- 메이케이학원고등학교 : www.meikeiheigh.co.kr
- 쇼린고등학교 : www.shorinhigh.co.kr
- 센다이이쿠에이고 : www.sendai-high.co.kr
- 오사카 건국고등학교 : www.keongkuk.co.kr
- 코리아국제고등학교 : www.kiskorea.co.kr

〈 문의 / 접수 〉 HED 한국유학개발원 / 전화 : 02-552-1010 / 이메일 : hedc@hed.co.kr
주소 : 서울특별시 서초구 강남대로 381, 두산빌딩 709 호 (강남역 6 번 , 7 번 출구 사이)

필승합격 일본어능력시험

문자 · 어휘 · 문법 500 문 N1

초 판 발 행 일 : 2022년 03월 25일(1쇄)

저　　　자 : 마쓰모토 노리코 · 사사키 히토코

발　행　인 : 송 부 영

발　행　처 : (주)해외교육사업단

출 판 등 록 : 제16-1456호

주　　　소 : 서울특별시 서초구 강남대로 381, (두산709호)

전　　　화 : 02-736-1010

이　메　일 : song@hed.co.kr

홈 페 이 지 : www.hedgroup.co.kr

*본사에서는 소중한 원고, 새로운 기획의 제안을 기다리고 있습니다.
*이 책은 저작권법에 의해 보호를 받는 저작물이므로 무단 전재와 복제를 금합니다.
*잘못된 책은 구입하신 서점이나 본사에서 교환해드립니다.

ⓒNoriko Matsumoto, Hitoko Sasaki 2015

Originally Published in Japan by ASK Publishing Co., Ltd., Tokyo